Frank&Frei

Werner Reichel (Hg.)

VAN DER BELLEN

Der parteiische Präsident

Inhalt

Vorwort

Das politmediale Establishment ist geschockt, als am letzten Sonntag im April 2016 die Ergebnisse des ersten Wahlgangs der Bundespräsidentenwahl bekannt werden. Die Kandidaten der beiden Regierungsparteien, Andreas Khol von der ÖVP und Rudolf Hundstorfer von der SPÖ, landen beide bei blamablen 11 Prozent. Deutlich besser schneidet Alexander Van der Bellen mit über 21 Prozent ab. Was die etablierten Parteien und Medien regelrecht in Panik versetzt, sind die 35 Prozent für FPÖ-Mann Norbert Hofer. Entsprechend hysterisch fallen die Schlagzeilen aus. Das linke Jugendmagazin „Vice“: *„Nach dem FPÖ-Wahlsieg googlen Österreicher nach ‚Auswandern‘“*. Im „Profil“ jammert Peter Michael Lingens: *„Hofer ist kaum mehr zu schlagen“*. Auch aus Deutschland schaut man besorgt zum kleinen Nachbarn und befürchtet das Schlimmste. Der Nachrichtensender „ntv“: *„Schock-Wahl in Österreich – Haiders Erben greifen nach der Macht“*.

Ein Freiheitlicher als Staatsoberhaupt ist für die etablierten Kräfte in Österreich und Europa unvorstellbar. Vor allem für jene, die vom Umverteilungsstaat und seinen bestehenden politischen Strukturen und Netzwerken abhängig sind. Und das sind sehr viele Menschen in diesem Land. Sie fürchten nicht um Demokratie und Freiheit in Österreich, für sie ist es vielmehr eine Frage ihrer wirtschaftlichen Existenz und Zukunft, dass die staatlichen Gelder auch weiterhin in die richtigen Kanäle und Milieus gepumpt werden. Die NGOs fürchten um staatliche Zuwendungen, Staatskünstler um Förderungen und Engagements, Caritas und Asylindustrie um ihre ins Land geholte Kundschaft, der ORF um seine Gebühren, politisch gut vernetzte Unternehmer um ihre staatlichen Aufträge, die Kammern um ihre Zwangsbeiträge, die Presse um ihre Inserate etc. Man hat viel zu verlieren.

Wer es sich im schwarz-rot-grünen Versorgungsstaat bequem eingerichtet hat, wird zwangsläufig zum glühenden Fan von Van der Bellen, der gegen Hofer in der Stichwahl antritt. Er ist der Mann der Stunde, ein Grüner mit SPÖ-Vergangenheit, der seine berufliche Laufbahn ausschließlich in geschützten staatlichen Bereichen verbracht hat. Er ist einer von ihnen, geradezu die Verkörperung dieses staatlichen linken Systems, das sich in alle Bereiche der Gesellschaft verästelt. Es kommt zu einem nationalen Schulterschluss all dieser Kräfte. Wer Van der Bellen nicht unterstützt, gilt als politisch hochgradig verdächtig. Während sich um Van der Bellen fast alle bekannten Meinungs- und Stimmungsmacher versammeln, traut sich nur ein einziger Promi, sich zu Norbert Hofer zu bekennen: Extremsportler Felix Baumgartner, der dafür umgehend in den (sozialen) Medien verspottet und beschimpft wird.

Man verbreitet Angst und Schrecken: Österreich würde zu einer faschistischen Diktatur werden, trommeln Medien und Zivilgesellschaft. Alexander Van der Bellen selbst warnt, wenn Hofer gewinnen sollte, würde sich Österreich in Alpen-Mordor, in ein Reich der Finsternis verwandeln. Sogar die ÖVP-Granden machen mehr oder weniger offen Wahlkampf für einen überzeugten Linken, der gleichzeitig einer ihrer erbittertsten politischen Gegner ist und der seine Parteilichkeit selbst während des Wahlkampfs mehr schlecht als recht hinter seiner professoralen Maske verbirgt.

Um die bürgerlichen Wähler zu motivieren, ihr Kreuz bei Van der Bellen zu machen, der sich einst selbst als „arroganter Antikapitalist“ und „kultureller Anarchist“ beschrieben hat, KPÖ wählte, das Bundesheer abschaffen wollte und Linksextreme bewunderte – nachzulesen im Kapitel „Der illiberale Demokrat“ –, verpasste man ihm ein liberales Image. Van der Bellen würde Österreich vor einer Katastrophe, einem FPÖ-Staatsoberhaupt bewahren, so die Kernbotschaft seines Wahlkampfes. Die Angstkampagne und seine Tarnung als Bürgerlicher, als Präsident für alle, verhelfen Van der Bellen zu 53,8 Prozent bei der Stichwahl. „Das Gute hat das Böse besiegt“, kommentiert der damals mächtigste SPÖ-Mann, Michael Häupl, den Wahlausgang und spricht damit den Linken aus der Seele. Van der Bellen, der Gute, der Drachentöter, das Gewissen der Nation. Das linke System schaffte es mit einem nie dagewesenen propagandistischen Kraftakt und der Mithilfe der ÖVP, ihren Vertreter in die Hofburg zu hieven. Fair war diese Wahl angesichts der hysterischen Zuspitzung und der völlig fehlenden Äquidistanz der Medien, die sich fast ausnahmslos auf Van der Bellens Seite schlugen, nicht – siehe dazu das Kapitel zum „Dirty Campaigning“. Das verpflichtet. Seither agiert das

Staatsoberhaupt im Sinne und Geiste jener, denen er seinen Wahlsieg zu verdanken hat. Das fällt ihm nicht schwer. Wie sehr Van der Bellen selbst Teil der linken Netzwerke ist, wird in Kapitel „Van der Bellen und sein grünes Netzwerk" beschrieben.

Bei Festspieleröffnungen, TV-Ansprachen und anderen Sonntagsreden gibt er den umsichtigen Staatsmann, der sich um Demokratie, das Land und seine Bürger sorgt. Doch diese Inszenierung steht im krassen Gegensatz zu seiner tatsächlichen Amtsführung. Er hat in den vergangenen sechs Jahren stets die Interessen seiner Partei bzw. seines politisch-sozialen Milieus über jene des Landes gestellt. Er war und ist ein überzeugter Linker, der seine grüne Parteimitgliedschaft nur pro forma abgegeben hat.

Das beweist er u.a. im Zuge der Ibiza-Affäre, wie im Kapitel „Die Bombe platzt" ausgeführt wird. Denn er versuchte damals nicht, wie es seine Aufgabe als Bundespräsident gewesen wäre, die von Linken und Medien aufgeheizte Stimmung zu beruhigen, für stabile politische Verhältnisse zu sorgen, sondern er nutzte im Gegenteil die Gunst der Stunde und half mit, eine in der Bevölkerung populäre, aber im linken Van-der-Bellen-Milieu verhasste rechts-konservative Regierung zu sprengen.

Auch als im Zuge der Corona-Pandemie die schwarz-grüne Regierung und insbesondere die grünen Gesundheitsminister die Bürger- und Freiheitsrechte massiv einschränkten, schritt er nicht ein, obwohl er gerne von der „Schönheit" der

Verfassung schwadroniert – nachzulesen im Kapitel „Van der Bellen und die Verfassung“. Grüne bzw. linke Politik im Allgemeinen verfolgt für Van der Bellen grundsätzlich die richtigen Ziele, auch wenn dabei die Bürger- und Freiheitsrechte auf der Strecke bleiben und die Kollateralschäden gewaltige Dimensionen annehmen. Er erklärte etwa 2021 die „Impfpflicht“ zur „Menschenpflicht“, obwohl diese Maßnahme in fast keinem demokratisch verfassten Land bisher umgesetzt wurde.

Jetzt tritt Alexander van der Bellen zu seiner Wiederwahl an. Erneut wird er von allen etablierten Kräften unterstützt. Er ist für das linke Establishment der Garant – das hat er in den vergangenen sechs Jahren mehrfach unter Beweis gestellt –, dass die bestehenden Machtstrukturen und Netzwerke intakt bleiben und sogar gestärkt werden.

Der Gipfel bzw. krönende Abschluss seiner Laufbahn wäre es, endlich eine lupenreine linke Regierung, also eine rot-grün-pinke oder noch besser eine rot-grüne angeloben zu können. Das erwarten sich seine Unterstützer, zu denen selbstredend neben den Grünen auch ganz offiziell SPÖ und Neos gehören. Dass die ÖVP Van der Bellen erneut unterstützt und keinen Gegenkandidaten aufgestellt hat, ist die politische Bankrotterklärung der einst großen, bürgerlichen Partei.

Denn Van der Bellen wird in den kommenden Jahren vermutlich noch parteiischer agieren, zumal er nicht mehr wiedergewählt werden kann. Er braucht sich also nach geschlagener Wahl nicht mehr zu verstellen.

Die Autoren dieses Buches, allesamt profunde Kenner der österreichischen Innenpolitik, gewähren einen Blick hinter die bürgerliche Fassade Van der Bellens, zeigen anhand unzähliger Zitate und vieler Beispiele aus den vergangenen Jahren, dass sich Van der Bellen stets treu geblieben ist, seine linken Überzeugungen nie abgelegt hat. Dass er nicht der Bundespräsident für alle Österreicher ist, es auch nicht sein will. Er ist immer ein linker Parteipolitiker geblieben, der als Staatsoberhaupt selbst dann nicht eingreift, wenn grüne Ideologen mit ihrer Politik enorme Schäden in Staat, Gesellschaft und Wirtschaft anrichten, auf ganzer Linie versagen, nicht in der Lage sind, Krisensituationen zu bewältigen, ja, sie sogar verschärfen, wie aktuell Leonore Gewessler. Van der Bellen versucht nicht, auf die Regierung einzuwirken, sondern rät verzweifelten Menschen, die nicht mehr wissen, wie sie sich das Leben leisten können: „Zähne zusammenbeißen. Es wird schon irgendwie gehen."

Die grünen Genossen, sein soziales Umfeld und die Interessen des politmedialen Establishments sind ihm wichtiger als die einfachen Bürger.

Der Systemkandidat.
Wie Van der Bellen die Bürger in Gut und Böse spaltet

Alexander Van der Bellen startete 2016 als Kandidat der Grünen in das Rennen um die Bundespräsidentschaft und landete mit deutlichem Abstand hinter dem Freiheitlichen Norbert Hofer auf Platz zwei. Die Positionierung der mit ihren Anwärtern kläglich gescheiterten damaligen Koalitionsparteien SPÖ und ÖVP in der Stichwahl machte deutlich, dass die Grünen trotz teilweise radikaler Ansichten längst zum Establishment gehören, die Freiheitlichen hingegen weiterhin ausgegrenzt werden. Die Linksparteien SPÖ, Neos und natürlich Grüne versammelten sich geschlossen hinter Van der Bellen, aber auch die ÖVP rief teilweise zur Wahl des weit linksstehenden Wirtschaftsprofessors auf.

Van der Bellen sieht den Graben nicht

Es verlief also ein tiefer Graben zwischen dem politischen Establishment der selbsternannten Guten und der in den Mainstream-Medien verächtlich gemachten freiheitlichen Opposition. Nach der ersten, später aufgehobenen Stichwahl am 22. Mai 2016 vermochte Van der Bellen diesen Graben jedoch auf den ersten Blick nicht so richtig zu erkennen, und sagte:

„Ich möchte das nicht dramatisieren, und ich möchte auch nicht, dass es dramatisiert wird. Diese Gräben haben schon länger bestanden, und vielleicht haben wir in der Vergangenheit nicht genau hingesehen. Das werden wir jedenfalls aufmerksamer und genauer als bisher tun müssen.“ [1]

Selbst nach beinahe einem Jahr „Lagerwahlkampf“ war Van der Bellen das Problem kaum bewusst. In seiner ersten Pressekonferenz nach der endgültig gewonnenen Stichwahl am 6. Dezember 2016 erkannte er lediglich einen Auftrag „an uns alle, nicht nur an mich, dass wir über das Gesprächsklima in unserem Land nachdenken“. Und dabei setzte er den verräterischen Satz nach: „Und ich glaube, dass das Wahlergebnis auch zeigt, dass sehr, sehr viele Menschen sich in Österreich eine andere Gesprächskultur in der Politik wünschen.“[2] – will sagen: Diejenigen, die richtig, also ihn, gewählt haben, sind die Guten, die eine positive Gesprächskultur schätzen. Diejenigen, die falsch, also Norbert Hofer, gewählt haben, sind die Rabauken, die das politische Klima vergiften. In diesem Sinne sah Van der Bellen auch bei seiner Angelobung am 26. Jänner 2017 keine große Veranlassung, die in vielen Bereichen Österreichs sichtbare Gegnerschaft innerhalb der Bevölkerung zu überwinden: „Dieses Gerede von der Spaltung halte ich für maßlos übertrieben.“[3]

---

1 *https://www.derstandard.at/story/2000037516818/van-der-bellen-im-wortlaut*

2 *https://www.derstandard.at/story/2000048900973/van-der-bellens-erste-rede-vorsichtiger-als-sein-vorgaenger*

3 *https://www.derstandard.at/story/2000051564978/van-der-bellen-rede-im-wortlaut*

Erste Brüssel-Reise: Die Maske fällt

Immerhin äußerte sich Van der Bellen in seinen ersten Stellungnahmen in Österreich noch sinngemäß dahingehend, dass ihm alle Österreicher, egal ob sie nun ihn oder Norbert Hofer gewählt hätten, gleich viel wert seien und er sie unabhängig von deren Parteizugehörigkeit vertreten wolle. Das änderte sich schlagartig, als der „glühende Europäer" das erste Mal als Bundespräsident nach Brüssel reiste und dort – am 14. Februar 2017 – eine Rede vor dem Europäischen Parlament hielt. Die Freund-Feind-Bestimmung, die natürlich auch die Österreicher in zwei Gruppen teilt, hätte nicht eindeutiger sein können:

> *„Meine Wahl zum Bundespräsidenten der Republik Österreich vom Dezember 2016 war eine klare Absage an den aufkeimenden Nationalismus, Protektionismus und an den verführerischen, vereinfachenden Populismus.*
>
> *Es ist meine Überzeugung – und ich glaube der großen Mehrheit in diesem Saal –, dass man mit der Verletzung der Würde des Menschen, mit der Ablehnung gegenüber allem Fremden, bei Einschränkung von Grundwerten, Grundrechten und Grundfreiheiten, mit den neuen Mauern und alten Nationalismen kein einziges Problem löst. Im Gegenteil: Man schafft neue."*[4]

---

4 *https://www.europarl.europa.eu/doceo/document/CRE-8-2017-02-14-ITM-004_DE.html*

Eine klare Breitseite gegen die FPÖ, die seit jeher gegen überbordenden EU-Zentralismus und für eine Rückgewinnung an Brüssel abgegebener nationaler Souveränität eintritt – also genau für das, was Van der Bellen hier als „Nationalismus“ und „Protektionismus“ herabwürdigte. Im EU-Parlament ließ der frisch gewählte Bundespräsident erstmals die Maske fallen.

Tabubruch als schwerer Schlag für den Präsidenten

Doch die Strategie der Trennung der politischen Landschaft und damit der Wähler in gute EU-Bürger und böse Nationalisten erlitt einen schweren Dämpfer, denn eine Partei scherte aus dem „Reich des Guten“ aus und wagte einen Tabubruch. Die Koalition zwischen ÖVP und FPÖ muss für Van der Bellen ein schwerer Schlag in die Magengrube gewesen sein. Sein unterschiedliches Auftreten gegenüber dieser Regierung und der folgenden, wieder „systemkonformen“ schwarz-grünen Koalition wird im Kapitel „Die Bombe platzt“ beleuchtet.

Dass Van der Bellen der perfekte Systempräsident und damit 2022 auch der perfekte Systemkandidat werden konnte, war jedoch nicht nur dem Regierungswechsel geschuldet, sondern vor allem einem Ereignis, das politische Auswirkungen in einem seit Jahrzenten ungekannten Ausmaß nach sich ziehen sollte: der sogenannten Corona-Pandemie. Zurückkommend auf die oben zitierte Passage aus der Rede des Bundespräsidenten vor dem EU-Parlament, drängt sich die Frage auf, was die Regierung wohl 2020 zu der Mahnung gesagt hätte, dass die Einschränkung von Grundrechten und Grundfreiheiten kein einziges Problem löse. Zum Glück für die Handelnden rief ihnen Van der Bellen diesen Ausspruch nie in Erinnerung. Betrachtet man seine Stellungnahmen in Reden, Interviews oder Social-Media-Postings im Zeitraum seit Ausbruch der Corona-Pandemie, muss man zwangsläufig zu der Erkenntnis kommen, dass Van der Bellen jegliche Entscheidungen und Vorgehensweisen der schwarz-grünen Regierung nicht nur mitträgt, sondern auch goutiert. Gleiches gilt für teilweise hysterisch hochgepushte Corona-Maßnahmen, die seitens der SPÖ in Person Pamela Rendi-Wagners oder der NEOS von Beate Meinl-Reisinger gefordert wurden.

In dieser Krise, bei der die Regierung augenscheinlich orientierungslos von einer politischen „Kurzschluss-Reaktion" in die Nächste taumelte, breitete Van der Bellen seinen Mantel des Schweigens und der uneingeschränkten Akzeptanz darüber. Es scheint, als gelten für ihn die Entscheidungen und Aussagen sowohl der Regierung als auch der rot-pinken (Schein-)Opposition als alternativlos und in keiner Weise hinterfragenswert.

„Corona Zeiten": Van der Bellen als braver Ja-Sager

Bereits zu Beginn der Corona-Pandemie bezeichnete der Bundespräsident am 4. März 2020 das Krisenmanagement der Bundesregierung in Sachen Corona als „höchst professionell". Explizit jenes des damaligen Gesundheitsministers Rudolf Anschober (Grüne), aber auch das des Damals-noch-Innenministers Karl Nehammer (ÖVP). Auch im Vergleich zu anderen Ländern laufe es in Österreich gut, meinte Van der Bellen im Nachsatz. Postwendend wurde er dann selbst zum „Corona-Sünder", der offenbar wissentlich gegen die von der Regierung „höchst professionell" verhängten Maßnahmen verstoßen hatte. Auf Twitter entschuldigte sich Alexander Van der Bellen am 24. Mai 2020 für seinen nächtlichen Besuch im Gastgarten eines Lokals weit nach der Corona-Sperrstunde. Zusätzlich kündigte der Bundespräsident an: „Sollte dem Wirt daraus ein Schaden erwachsen, werde ich dafür gerade stehen".[5]

Impfen ohne Wenn und Aber – selbst in der Hofburg

Auch in der damals auf Hochtouren anlaufenden, von der Regierung unter Drohungen und Horrorszenarien geforderten Impfkampagne zeigte sich Van der Bellen mehr als nur systemtreu. Am 11. März 2021 sprach er sich für einen koordinierten globalen Impfplan aus: „Ich unterstütze den UN-Aufruf zu einem globalen Impfplan." Die Pandemie erfordere eine koordinierte globale Antwort.[6] In dieser Tonart ging es weiter. Am 29. August 2021 zeigte er sich über die einsetzende Impfmüdigkeit besorgt und appellierte in einem Video auf Facebook, „Ich bitte Sie, nehmen Sie das

5 *https://twitter.com/vanderbellen/status/1264579704251711490?lang=bg*

6 *https://kurier.at/politik/inland/alexander-van-der-bellen-unterstuetzt-un-aufruf-zu-globalen-impfplan/401215290*

Impfangebot wahr, das ist ein kleiner Stich, dann hat sich's schon." Mit der Impfung schütze man nicht nur sich selbst, sondern alle, mit denen man in Kontakt sei, erklärte er damals.[7]

Und wenn das alles noch nicht nützt, muss die fragwürdige Politik eben weiter mit „Sondermaßnahmen" des Staatsoberhauptes unterstützt werden. So geschehen am 26. Oktober 2021, als der Bundespräsident am Nationalfeiertag in die Hofburg zur Corona-Impfung einlud. „Holen Sie sich Ihren Piks in der schönsten Impfstraße Österreichs, im Marmorsaal der Hofburg. Und anschließend lade ich Sie ein, durch die Präsidentschaftskanzlei zu flanieren", warb er in einem Video. „Wir machen die Hofburg heuer zur Impfburg!"[8]

Als jedoch am 21. Oktober 2021 FPÖ-Obmann Herbert Kickl Van der Bellen in einem offenen Brief aufgefordert hatte, die Novelle des COVID-19-Maßnahmengesetzes, die das diskriminierende „3G am Arbeitsplatz"-Regime ermöglichen sollte, zu verhindern, war aus der Hofburg kein Kommentar oder gar eine Reaktion zu vernehmen.[9] Dabei hatte derselbe Alexander Van der Bellen unmittelbar nach Ibiza von der „Eleganz der Verfassung" geschwärmt. Dass er sich auch nicht zu Wort meldete, als das Gesundheitsministerium von Rudolf Anschober eine verfassungswidrige Verord-

---

7 *https://orf.at/stories/3226653/*

8 *https://www.puls24.at/news/politik/van-der-bellen-wir-machen-die-hofburg-zur-impfburg/246609*

9 *https://www.ots.at/presseaussendung/OTS_20211021_OTS0183/fpoe-kickl-offener-brief-an-bundespraesident-van-der-bellen*

nung (etwa über Betretungsverbote) nach der anderen erließ, ist mittlerweile nur noch eine Fußnote.[10]

Schweigen zum Impfzwang holt Van der Bellen im Wahlkampf ein

Zum Thema des nach Ansicht vieler Experten verfassungswidrigen Impfpflicht-Gesetzes fand Van der Bellen ebenfalls kein Wort des Hinterfragens oder gar der Kritik – ganz im Gegenteil, schlug er sich abermals auf die Seite der „Corona-Machthaber". Oppositionsführer Herbert Kickl hatte am 1. Dezember 2021 versucht, Van der Bellen zu einer Reaktion zu bewegen, indem er meinte, dass dieses Gesetz Österreich „auf eine Stufe mit autoritär regierten Staaten" stelle. Er appellierte an den Bundespräsidenten, dem Impfpflicht-Gesetz seine Unterschrift zu verweigern. „Van der Bellen hat das verfassungsmäßig festgelegte Recht, ein Gesetz nicht unterschreiben zu müssen. Davon muss er jetzt endlich einmal Gebrauch machen", erklärte Kickl.[11] Erneut unterzeichnete Van der Bellen jedoch in blindem Gehorsam gegenüber der Regierung dieses höchst fragwürdige Gesetz.

Für all jene, denen die Maßnahmen zu weit gingen, die Impfzwang und Freiheitseinschränkungen ablehnten und für ihre Grundrechte auf die Straße gingen, fand der Bun-

---

10 *https://orf.at/stories/3174524/*

11 *https://www.ots.at/presseaussendung/OTS_20220201_OTS0161/fpoe-kickl-zu-impfzwang-bundespraesident-soll-oesterreich-nicht-mit-autoritaeren-staaten-auf-eine-stufe-stellen*

despräsident kein Wort des Verständnisses oder gar der Unterstützung ihrer demokratischen Rechte. Als Anfang 2021 Versammlungen von der Polizei verboten wurden und damit ein klarer Verstoß gegen das verfassungsmäßig garantierte Recht auf Versammlungsfreiheit vorlag, kam dem Präsidenten kein Wort der Kritik über die Lippen. Selbst dann nicht, als die Verwaltungsgerichte die Demo-Verbote als rechtswidrig verurteilten. Kein Wunder, dass ihn enttäuschte Bürger aus der riesigen Bewegung der Maßnahmenkritiker mit Pfiffen und Buh-Rufen durch den aktuellen Wahlkampf begleiten. Immerhin waren sie es, die mit ihrem Widerstand maßgeblich zur raschen Abschaffung des internationalen Schandflecks Impfpflicht beitrugen, während der Bundesprädient schwieg und unterschrieb.

Teuerung erst zu den Festspielen bemerkt

Auch zu der maßgeblich durch eine global wie national überschießende Corona-Politik getriebenen Rekordinflation schwieg sich der Bundespräsident lange aus. Während die Bürger bereits rund ein Jahr lang in monatlich steigendem Ausmaß unter der Kostenlawine leiden und vielfach nicht wissen, wie sie ihre explodierenden Strom- und Gasrechnungen bezahlen sollen, wartete Van der Bellen bis zur Festspielsaison 2022, um hier erstmals Worte zu finden. Die Teuerung erfordere „rasches, geschlossenes und entschlossenes Handeln", äußerte er in Bregenz, denn:

„Hunderttausende von Menschen in unserem Land haben Angst und sind am Rande der Verzweiflung. Das sind alleinerziehende Mütter, Mindestpensionisten, aber auch Menschen, die bislang keine gröberen Geldsorgen hatten.“[12]

Doch sofort kam das große Aber. Für die Lösung der Probleme sei vor allem Solidarität gefragt – natürlich nicht nur innerösterreichische Solidarität, sondern vor allem mit der Ukraine, denn die Energiekrise, die Inflation und die Armutsgefahr seien ein vom russischen Präsidenten „bewusst herbeigeführter, kriegerischer Akt“. Putin wird so zur Universalursache allen Leidens nicht nur in der Ukraine, sondern auch in Österreich verteufelt. Praktisch vor allem für die Regierung, die Van der Bellen trotz massiver Turbulenzen unbedingt weiterarbeiten lassen will. Um „gerade in dieser Zeit die größtmögliche Stabilität zu garantieren“.

Den „Preis der Freiheit“ sollen die Österreicher zahlen

Die Weigerung, an den tatsächlichen Ursachen von Teuerung und Energiekrise anzusetzen und – mittlerweile im Sinne von rund der Hälfte der befragten Österreicher – die selbstzerstörerische Sanktionspolitik gegen Russland aufzugeben, ist mittlerweile zu einem, vom Bundespräsidenten vollumfänglich mitgetragenen, gemeinsamen Dogma der Regierung und ihrer pseudo-oppositionellen „Blockpartei-

---

12 *https://www.salzburg24.at/news/oesterreich/teuerung-van-der-bellen-fordert-regierung-zum-arbeiten-auf-124518796*

en“ geworden. Die Sanktionspolitik könnte jedoch für die europäische Wirtschaft wie auch den erworbenen Wohlstand aller EU-Bürger fatale, nicht wiedergutzumachende Konsequenzen nach sich ziehen. Dessen ungeachtet, warnte Van der Bellen am 26. Juli 2022 bei der Eröffnung der Salzburger Festspiele vor einer Beendigung der Sanktionen gegen Russland, selbst wenn diese schmerzhafte Folgen für die Österreicher haben würden:

> *„Das ist der Preis unserer Freiheit. Und wenn wir nicht bereit sind, ihn zu erbringen, werden ihn unsere Kinder und Enkelkinder doppelt und dreifach bezahlen.“* [13]

Von welcher Freiheit hier genau die Rede ist, erschließt sich nicht, zumal man in Österreichs Zweiter Republik wohl niemals unfrei gewesen war. Es klingt vielmehr nach der von der EU vorgegebenen Floskel im Zusammenhang mit der Rechtfertigung der anti-russischen Sanktionen. Ein erneuter Kniefall Van der Bellens vor dem „System“ also.

Neutralität grenzt für Van der Bellen an „Kollaboration“

Kaum verwunderlich, war es Van der Bellen auch kein Anliegen, auf die Möglichkeiten Österreichs durch seine immerwährende Neutralität hinzuweisen – oder wenigstens

---

13 *https://m.bvz.at/in-ausland/in-eroeffnungsrede-van-der-bellen-warnt-vor-aufgabe-der-russland-sanktionen-bundespraesident-politisches-system-staats-oberhaupt-oesterreich-330544177*

die Wahrung dieser Neutralität von den verantwortlichen Politikern einzufordern. Er selbst verließ diese Neutralität wiederholt. Am 9. Mai 2022 lobte der Bundespräsident explizit den Zusammenhalt der EU gegen Russland. „Putin hat rote Linien überschritten, und Europa hat geantwortet“, sagte er in einer Rede zum „Europatag“ im Wiener Haus der EU vor Vertretern der EU-Mitgliedstaaten, der EU-Beitrittsländer und Mitgliedern des Europäischen Parlaments.[14] Am 20. Juni 2022 begrüßte Van der Bellen bei einem Besuch in der lettischen Hauptstadt Riga den überfallsartig und entgegen den bisherigen Auflagen vom Zaun gebrochenen Beitrittsprozess der Ukraine zur EU. Die Ukraine brauche „Signale der Zusammengehörigkeit zu Europa“ betonte er im Vorfeld des Präsidentengipfels der Drei-Meere-Initiative und sprach von „Gemeinsamkeit gegenüber Russland“. [15]

Von „Neutralitätsdiplomatie“ also keine Spur. Van der Bellens Schweizer Amtskollege Ignazio Cassis wurde als Staatsoberhaupt eines ebenfalls neutralen Staates jedenfalls auf keiner solchen „Propaganda-Veranstaltung“ gesichtet. Kein Wunder, dass Van der Bellens Eröffnungsrede zu den Bregenzer Festspielen am 20. Juli 2022 im neutralen Nachbarland von vielen als „Propaganda-Rede“ wahrgenommen wurde.[16] Tiefpunkt dieses skandalösen Auftritts und

---

14 *https://www.wienerzeitung.at/nachrichten/politik/oesterreich/2146760-Bundespraesident-Van-der-Bellen-zum-Europatag.html*

15 *https://www.bundespraesident.at/aktuelles/detail/gipfeltreffen-der-dreimeeres-initiative-in-riga-lettland*

16 *https://tkp.at/2022/08/05/massive-kritik-aus-der-schweiz-an-bregenzer-propaganda-rede-von-van-der-bellen/*

gleichzeitig die absolute Verhöhnung der Neutralität war es, als der Bundespräsident alle Gegner der EU-Sanktionen schlichtweg der Kollaboration mit Putin verdächtigte.[17]

Vier Parteien kollaborieren bedingungslos mit Van der Bellen

Apropos Kollaboration: Van der Bellens unbeirrte Unterstützung für den regierenden Status quo macht sich für ihn bezahlt. Die einstigen Großparteien SPÖ und ÖVP verzichteten zu seinen Gunsten diesmal völlig auf die Nominierung eines Bundespräsidenten-Kandidaten, ebenso die Neos. Somit stehen vier Parteien von Anfang an hinter dem aktuellen Präsidenten, der sich damit „mehr denn je" als System-Kandidat entpuppt. Van der Bellen ist somit zum lebenden Monument für die von ihm selbst angeblich kaum wahrgenommene Spaltung der Gesellschaft geworden. Hier die Mächtigen, dort die Bürger, die unter Corona-Quälereien und Kostenlawine leiden. Wenn sie aufbegehren, sind sie für den Präsidenten und seine Unterstützer im polit-medialen Establishment „unsolidarisch" oder gar Putin-Kollaborateure. Und als solche gehören sie in den Augen dieser selbsternannten Elite ohnehin nicht zur Gesellschaft oder sind maximal Bürger zweiter Klasse, deren Stimmen man nicht braucht – ja nicht einmal will.

---

17 *https://www.unzensuriert.at/content/152810-skandal-rede-bei-salzburger-festspielen-bundespraesident-van-der-bellen-nennt-sanktionsgegner-kollaborateure-russlands/*

Sechs Jahre – Zwei Gesichter.
Van der Bellens Umgang mit den politischen Leitthemen Zuwanderung und Klimaschutz

Der bis 2016 als „grünes Urgestein“ geltende, nun aber offiziell „parteilose“ Bundespräsident der Republik Österreich, Alexander Van der Bellen, zeigte während seiner Amtszeit die unterschiedlichsten Facetten seiner höchstpersönlichen Amtsauslegung – um nicht zu sagen: zwei Gesichter, die besonders während der Regierungsperioden von ÖVP/FPÖ bzw. ÖVP/Grünen zum Vorschein kamen.

Weithin bekannt ist seine verbale Strenge mit der freiheitlichen Regierungsmannschaft nach dem Auftauchen des sogenannten Ibiza-Videos im Mai 2019 („So sind wir nicht!“) und die im scharfen Kontrast dazu jahrelang praktizierte Milde gegenüber dem mit massiven Korruptionsvorwürfen konfrontierten Führungskader der ÖVP. Doch das ist nur die Spitze des Eisbergs. Am deutlichsten zeigen sich Van der Bellens zwei Gesichter, wenn man seine Einstellung gegenüber den treibenden Themen der beiden unterschiedlichen Regierungen analysiert. War es 2017 der Eindruck der sogenannten „Flüchtlingskrise“ – also des widerstandslosen Überrennens der österreichischen Grenzen durch hunderttausende illegale Einwanderer –, welcher die ÖVP zur Übernahme freiheitlicher Forderungen und zur anschließenden gemeinsamen Regierung veranlasste, so war es 2019 die sogenannte „Klimakrise“, die mit Nachdruck in der medialen

Öffentlichkeit präsentiert wurde und dieselbe ÖVP in den Armen der Grünen landen ließ. Im Folgenden werden die wichtigsten Aussagen Van der Bellens zu den beiden Themen zusammengefasst. Sie machen deutlich, dass er sich unter Türkis-Blau klar gegen das Hauptanliegen der Regierung positionierte, während er unter Schwarz-Grün die Leitmaxime der Koalition bedingungslos unterstützte.

Das „Flüchtlingskind" als Asyl-Lobbyist

Als die Masseneinwanderung der Jahre 2015/16 noch nicht abgeklungen und schon gar nicht vergessen war, sprach sich Van der Bellen am Tag nach seiner später aufgehobenen Wahl zum Bundespräsidenten im Mai 2016 für einen „pragmatischen Humanismus" in der Flüchtlingspolitik aus.[18] Zwar gebe es Kapazitätsgrenzen, jedoch hatte Van der Bellen bereits im Jänner 2016 – schon als Bundespräsidentenkandidat nominiert – die von der damaligen rot-schwarzen Regierung beschlossene Flüchtlingsobergrenze von 37.500 Asylanträgen für das Jahr 2016 abgelehnt.[19]

Die kompromisslose Unterstützung jedweder Zuwanderung unter dem Deckmantel des Asyls leitete Van der Bellen dabei aus der eigenen Familiengeschichte ab. In seiner Antrittsrede vom 26. Jänner 2017 bezeichnete er sich auf Grund des Umzuges seiner Familie von Wien ins Tiroler Kaunertal kurz

18 *https://www.welt.de/newsticker/news2/article155661766/Oesterreichs-neuer-Bundespraesident-fuer-Humanismus-in-der-Fluechtlingspolitik.html*

19 *https://www.kleinezeitung.at/politik/4910501*

vor dem Ende des Zweiten Weltkriegs selbst als „Flüchtlingskind“:

> *„Sie sehen hier ein Flüchtlingskind. In Wien geboren, mit meinen Eltern ins Kaunertal geflohen.“* [20]

Kopftuch für alle – aus Solidarität

Bei einer Diskussionsveranstaltung mit Jugendlichen ging es am 24. März 2017 im Wiener Haus der Europäischen Union unter anderem um das Thema Kopftuch und „Islamophobie“. Dort erklärte Van der Bellen:

> *„Es ist das Recht der Frau – tragen Männer auch Kopftücher? Nein – sich zu kleiden, wie auch immer sie möchte. Das ist meine Meinung dazu.“*

Er setzte nach, dass dieses Recht „im Übrigen nicht nur für muslimische Frauen“ gelte.

> *„Jede Frau kann ein Kopftuch tragen. Und wenn das so weitergeht, und damit bin ich schon bei der nächsten Frage, bei dieser tatsächlich um sich greifenden Islamophobie, wird noch der Tag kommen, wo wir alle Frauen bitten müssen, ein Kopftuch zu tragen. Alle, aus Solidarität gegenüber jenen, die es aus religiösen Gründen tun.“* [21]

---

20 *https://www.parlament.gv.at/PAKT/PR/JAHR_2017/PK0060/index.shtml#*

21 *https://www.welt.de/vermischtes/article164022903/Van-der-Bellens-Tag-an-dem-alle-Frauen-Kopftuch-tragen.html*

Aufregung über diese Aussage setzte erst rund ein Monat später ein, als das Zitat in einer Sendung des ORF eingespielt wurde. Der damalige FPÖ-Generalsekretär Herbert Kickl bezeichnete Van der Bellens Aussagen als „integrationspolitischen Amoklauf". Es habe nicht lange gedauert, „bis der ‚Unabhängigste aller Unabhängigen' seine Maske fallen ließ und seine wahre Gesinnung gezeigt hat".[22] Erst als es an seinem Statement auch herbe Proteste, auch aus dem Ausland hagelte, ruderte Van der Bellen medial zurück.[23] Dabei räumte er „missglückte Kommunikation" ein. Sogar ihm normalerweise sehr gewogene Medien betrachteten diese Aussage des Bundespräsidenten verhältnismäßig kritisch.

Mehr Flüchtlingsschiffe und bloß keine Zäune!

Am 3. Mai 2017 besuchte Alexander Van der Bellen in Rom das Hauptquartier der EU-Mission „Sophia", einer multinationalen militärischen Krisenbewältigungsoperation der Europäischen Union, die den Auftrag zur Bekämpfung des Menschenschmuggels hatte. Auch dort äußerte er sich zum Thema Migration. Man dürfe Italien im Umgang mit der Flüchtlingsproblematik nicht allein lassen. Der Bundespräsident sprach sich dabei für mehr Schiffe und finanzielle Ressourcen für die Mission Sophia aus.[24]

---

22 *https://kurier.at/politik/inland/wirbel-um-kopftuch-sager-von-bundespraesident-van-der-bellen/260.526.277*

23 *https://www.derstandard.at/story/2000056997788/van-der-bellen-zu-kopftuch-sager-ja-es-war-ein*

24 *https://www.bundespraesident.at/aktuelles/detail/alexander-van-der-bellen-besuchte-das-hauptquartier-der-eu-mission-sophia-in-rom*

Am 24. Mai 2017 anlässlich seines Besuches in Laibach (Slowenien) betonte Van der Bellen zum damals diskutierten Thema Grenzzäune, er sei, „kein Freund von Zäunen“.[25] Am 7. Juni 2017 übte Van der Bellen Kritik am Integrationspaket der SPÖ-ÖVP-Regierung. Vor allem das Vollverschleierungsverbot im öffentlichen Raum sei nach Van der Bellens Ansicht „kein gutes Gesetz“.[26]

Am 19. Juni 2017 wollte er in einer Auseinandersetzung zwischen Außenminister Sebastian Kurz (ÖVP) und Kanzler Christian Kern (SPÖ) zwar nicht Partei ergreifen, hielt jedoch die Schließung der „Mittelmeer-Route“ bzw. die Rückführung aufgegriffener Migranten nach Nordafrika für nicht leicht umsetzbar. „Wünschen kann ich mir viel“, war damals sein Kommentar in der „ZiB2“.[27]

Verbrechen durch Ausländer: Kein Kommentar

Schweigsamer war Van der Bellen, als ein weiteres Mal die Früchte der Massenzuwanderung in schmerzhafter Weise sichtbar wurden. Am 6. Juli 2017 wollte er keinen Kommentar zum Doppelmord eines Tunesiers mit offensichtlichen Sympathien für die Terrororganisation „Islamischer Staat“

25 *https://www.sgz.at/news/detail/de/van-der-bellen-na-obisku-v-sloveniji*

26 *https://www.nachrichten.at/politik/innenpolitik/Van-der-Bellen-haelt-Vollverschleierungsverbot-fuer-kein-gutes-Gesetz;art385,2590593*

27 *https://www.news.at/a/mittelmeerroute-van-der-bellen-wuenschen-kann-ich-mir-viel-8197014*

an einem Linzer Ehepaar abgeben. Er kenne die Aktenlage nicht, einen Kommentar abzugeben wäre daher „vermessen", sagte Van der Bellen auf Nachfrage bei einem gemeinsamen Pressestatement mit Tirols Landeshauptmann Günther Platter (ÖVP) in Innsbruck.[28] Es wäre wohl ein Leichtes gewesen, sich auf den aktuellen Stand bringen zu lassen, um deutlich Stellung zu beziehen, was offenbar durch Van der Bellen aber tunlichst vermieden wurde.

Sofort nach der Angelobung der türkis-blauen Regierung Ende 2017 begann Innenminister Herbert Kickl, einen Paradigmenwechsel in der Asylpolitik voranzutreiben. Asyl sollte – dem ursprünglichen Gedanken entsprechend – dort gewährt werden, wo die individuelle Verfolgung nicht mehr gegeben ist, in der Regel also im Nachbarland. Österreich käme unter diesen Vorzeichen als Asylland nicht mehr in Betracht. Darüber hinaus versuchte Kickl durch klare Kommunikation die Schlepper und ihre Kunden abzuschrecken, was gut gelang. In den Jahren 2018 und 2019 gab es so wenige Asylanträge wie lange nicht und nur jeweils rund ein Siebentel der Rekordzahl des Jahres 2015.

Kampf gegen Kickls neue Asylpolitik

Van der Bellen war diese restriktive Asylpolitik naturgemäß ein Dorn im Auge, und er nutzte daher unter Türkis-Blau

---

28 *https://www.derstandard.at/story/2000060858844/sobotka-doppelmord-in-linz-hat-is-hintergrund*

viele Gelegenheiten, sein Missfallen auszudrücken. Beispielsweise appellierte er anlässlich des zehnjährigen Bestehens der entwicklungspolitischen Dachorganisation „AG Globale Verantwortung“ am 11. Juni 2018 demonstrativ an heimische Flüchtlings-Hilfsorganisationen (NGOs):

> *„Lassen Sie sich nicht entmutigen! Ich möchte Sie bitten, kein Blatt vor den Mund zu nehmen und weiterhin eine laute Stimme zu sein für die Menschlichkeit in Zeiten, wo die Angstmacher überhand nehmen.“* [29]

Am 14. Juli 2018 sprach sich Van der Bellen gegen eine härtere Asyllinie Österreichs aus, welche deklariertes Ziel der Regierung war. Pläne, Asylanträge nur noch außerhalb der EU zuzulassen, lehnte er im Interview mit der Zeitung „Österreich“, ab, „Wer von Verfolgung bedroht ist, hat nach der Genfer Flüchtlingskonvention das Recht auf Schutz.“[30] Dabei sprach er sich vorbehaltlos für eine Asyl-Antragsmöglichkeit in Österreich aus.

Auch unter Schwarz-Grün erhob Van der Bellen mehrmals seine Stimme zu Asylfragen – immer mit Kritik von links, die ausschließlich die ÖVP traf und gleichzeitig das Anliegen der Grünen nach einer möglichst freizügigen Asyl- und Einwanderungspolitik stützte.

---

29 *https://www.jugendeinewelt.at/news-presse/aktuelles/2018/10-jahre-ag-globale-verantwortung/*

30 *https://www.ots.at/presseaussendung/OTS_20180714_OTS0020/van-der-bellen-in-oesterreich-weiter-fuer-die-moeglichkeit-von-asylansuchen-in-oesterreich*

Am 29. Jänner 2021 äußerte Van der Bellen anlässlich der Abschiebung von Kindern und Jugendlichen mit ausländischer Staatsbürgerschaft, „Ich kann und will nicht glauben, dass wir in einem Land leben, wo dies wirklich notwendig ist.“[31]

Afghanen sollen nach Österreich kommen, aber nicht mehr gehen

Ein besonderes Anliegen war Van der Bellen die vermehrte Aufnahme aus Afghanistan bei gleichzeitigem Stopp von Abschiebungen nicht schutzwürdiger Asylwerber. Als nach dem chaotischen Abzug der Amerikaner die Taliban in Afghanistan wieder die Macht übernahmen, war der von den Linken jahrelang geforderte Abschiebestopp Realität. Alexander Van der Bellen sah am 17. August 2021 Abschiebungen nach Afghanistan aufgrund der aktuellen politischen Entwicklungen „fehl am Platz“. Eine solche Vorgehensweise stehe im Widerspruch zu der in der österreichischen Verfassung verankerten Europäischen Menschenrechtskonvention, befand das Staatsoberhaupt auch in sozialen Medien.[32]

Bei der offiziellen Eröffnung des „Europäischen Forum Alpbach“ am 24. August 2021 rief Van der Bellen gar zur Aufnahme von Flüchtlingen aus Afghanistan auf. Er glaube, es gebe eine rechtliche, moralische und politische Verpflichtung für die EU und ihre Mitgliedsstaaten, Schutz für jene zu bieten, die ihr

---

31 *https://orf.at/stories/3199353/*

32 *https://www.facebook.com/alexandervanderbellen/posts/4580817718629901/*

Land verlassen müssen. An der Spitze sollten Frauen und Mädchen stehen, die für die EU bzw. ihre Länder gearbeitet haben und „unsere Freunde sind".[33] Seinem Wunsch wurde von der Regierung selbstverständlich entsprochen. 2021 wurden knapp 9.000 Asylanträge von Afghanen gestellt, davon der größte Teil in den letzten Monaten des Jahres. Allerdings waren rund 7.500 Antragsteller männlich, den „Frauen und Mädchen", die Van der Bellen schützen wollte, wurde nur in vernachlässigenswertem Ausmaß geholfen. Von den insgesamt fast 42.000 Asylantragstellern in den Monaten Jänner bis Juli 2022 waren rund 29.500 Männer und knapp 2.400 Frauen, der Rest Minderjährige. Unter den Erwachsenen besteht also eine Männerquote von mehr als 90 Prozent, wobei die Top-Herkunftsländer dem islamischen Kulturkreis angehören: Afghanistan, Syrien, Tunesien und Pakistan.

Asyl-Explosion 2022: Van der Bellen genießt und schweigt

An der stufenweisen Steigerung der Asylwerberzahlen seit dem Jahr 2020 bzw. an der regelrechten Explosion 2022 vernahm man vom Bundespräsidenten naturgemäß kein kritisches Wort. Kein Wunder, hatte er sich ja sogar an der von der völlig überforderten rot-schwarzen Regierung 2016 eingeführten „Obergrenze" gestoßen. Mit solchen Vorschlägen muss sich das Staatsoberhaupt immerhin diesmal nicht herumschlagen: Schwarz-Grün lässt die Illegalen ohne jede

---

33 *https://kurier.at/politik/inland/alexander-van-der-bellen-ruft-zur-aufnahme-von-afghanen-auf/401481871*

zahlenmäßige Beschränkung ungehindert ins Land strömen. Dass dieser Umstand trotz ähnlich hoher Zahlen wie 2015 kaum mediale Beachtung findet, weil das von der Regierung gestiftete Chaos rund um Corona, Teuerung und Verrat an der Neutralität genügend Futter für die Medien abwirft, nutzt Van der Bellen für den nächsten Schritt: Am 24. Mai 2022 sprach er sich dafür aus, Einbürgerungen zu erleichtern. In Interviews mit „Kleine Zeitung" und „Presse" meinte das Staatsoberhaupt, dass die Hürden für die Erlangung der Staatsbürgerschaft „zu hoch" seien.[34]

Der „neutrale" Präsident als grüner Klima-Apologet

Nach dem Ende von Türkis-Blau wurden die medialen Scheinwerfer gezielt vom Asyl- und Zuwanderungsthema abgezogen und auf ein anderes Spielfeld gerichtet: den Klimawandel. Einer der eifrigsten Einbegleiter dieses Themas war mit einem schier unerschöpflichen Reservoir an Wortmeldungen, Interviews, Presseerklärungen, internationalen Reden und Social-Media-Einträgen der Bundespräsident.

Am 2. Juni 2017 erklärte Van der Bellen laut einer APA-Meldung, die EU müsse den Kampf für das Klima intensiver fortsetzen. Der Ausstieg der USA aus dem Klimaabkommen sei ein Irrweg und eine große Enttäuschung.[35] Als

---

34 *https://orf.at/stories/3267697/*

35 *https://www.derstandard.at/story/2000058636870/make-our-planet-great-again-weltweite-kritik-an-us-ausstieg*

Postillion in Umweltfragen engagierte sich Van der Bellen am 20. September 2017, als er bei der UNO-Vollversammlung in New York zum traditionellen Empfang der Staatsoberhäupter des US-Präsidenten geladen war. Der Ex-Bundessprecher der Grünen übergab Donald Trump einen Brief eines 11-jährigen Mädchens namens Paula, das sich besorgt über den Klimawandel zeigte.[36] Van der Bellen fordert am 13. September 2018 beim sogenannten Arraiolos-Treffen, bei dem 13 europäische Staatschefs in Lettland über Sicherheitsfragen debattierten, mehr Klimaschutz ein: „Wir müssen mehr tun, um den Klimawandel zu stoppen", erklärte Van der Bellen dort vor Journalisten.[37]

Angesichts des Sonderberichts des Weltklimarats IPCC zur geplanten Begrenzung der steigenden Erderwärmung auf maximal 1,5 Grad warnte Alexander Van der Bellen am 8. Oktober 2018 vor „dramatischen Folgen für unser Leben auf der Erde". – „Die internationale Staatengemeinschaft ist gefordert, rasch, entschlossen und gemeinsam alles daran setzen (sic!), um wirksame Maßnahmen einzuleiten", schrieb er diesbezüglich auf Twitter.[38]

---

36 *https://www.bundespraesident.at/aktuelles/detail/alexander-van-der-bellen-bei-empfang-von-us-praesident-donald-trump-und-melania-trump*

37 *https://www.sn.at/politik/weltpolitik/van-der-bellen-bei-arraiolos-treffen-fuer-mehr-klimaschutz-40021747*

38 *https://twitter.com/vanderbellen/status/1049213378986725376?ref_src=twsrc%5Etfw*

Im Vorfeld der Weltklimakonferenz in Kattowitz (COP24) vom 2. bis 5. Dezember 2018 konnte Van der Bellen zahlreiche europäische Staatsoberhäupter dafür gewinnen, einen gemeinsamen Appell an die internationale Staatengemeinschaft zu unterzeichnen. Die Auswirkungen der Klimakrise seien bereits heute weltweit spürbar, diese sei eine Bedrohung für die globale Stabilität und Sicherheit, so der O-Ton der Erklärung.[39]

FFF: Begeisterung für junge Klimakämpfer

Am 16. März 2019 empfing Van der Bellen Teilnehmer der Aktion „Fridays For Future", einer linken Aktivistengruppe, die sich mit teils fragwürdigen Aktionen für mehr Klimaschutz einsetzt, in der Hofburg. „Van der Bellen hat die Aktivisten von Anfang an mit großer Sympathie mitverfolgt und ist beeindruckt, was die jungen Aktivisten in den letzten Monaten auf die Beine gestellt haben", hieß es in einer Aussendung.[40]

Am 19. Juni 2019 nutzte Van der Bellen das portugiesisch-österreichische Wirtschaftsforum in Lissabon, einen Besuch im dortigen Parlament sowie ein Treffen mit dem Lissaboner Bürgermeister für einen eindringlichen Aufruf zu Nachhal-

---

39 *https://www.tt.com/artikel/15038944/van-der-bellen-startet-initiative-fuer-un-klimakonferenz*

40 *https://www.kleinezeitung.at/service/newsticker/5596781/Van-der-Bellen-empfaengt-Organisatoren-der-KlimaDemo*

tigkeit und Klimaschutz. Die Welt habe einen Wendepunkt erreicht, die Erde müsse vor einer drohenden Klimakatastrophe gerettet werden.[41]

Interview-Bedingung: VdB spricht ausschließlich über Klimaschutz

Ebnete der Bundespräsident den Grünen mit Initiativen wie diesen indirekt den Weg in die Regierung? Bei der Regierungsbildung nach der Nationalratswahl 2019 wollte er sich selbst in Sachen Klimaschutz „etwas mehr als zuletzt" einbringen – und zwar in „sachlicher und personeller Hinsicht". In einem Interview mit der „Kronen Zeitung" am 14. September 2019 bezeichnete das Staatsoberhaupt den Klimaschutz als „zentrales Thema".[42] Van der Bellen hatte der „Krone" als Bedingung für dieses Interview gestellt, dass es thematisch ausschließlich um den Klimaschutz gehen dürfe. Und er machte mehrfach deutlich, dass die nächste Regierung unter dem Banner des Klimaschutzes stehen müsse. Hier einige Passagen, aus denen deutlich wird, dass der Bundespräsident der wesentliche Taktgeber für die politischen Entwicklungen war, die schließlich zu einer schwarz-grünen Zusammenarbeit geführt haben:

---

41 *https://k.at/news/van-der-bellen-rief-in-portugal-zu-klimaschutz-auf/400528267*

42 *https://www.krone.at/1995751*

Das Thema ist auch im Wahlkampf voll angekommen. Erfüllt Sie das mit Genugtuung?

„Das war's ja vor zwei Jahren ganz und gar nicht, wie wir wissen. Ich bin froh, dass es jetzt so ist. Auch weil ich überzeugt bin, wir haben noch Zeit, aber nicht mehr viel. Und wenn jetzt die Politik den Menschen behilflich ist bei der Umstellung auf die neuen Gegebenheiten, dann ist das entscheidend. Wenn ich mir die Welt in 20, 30 Jahren vorstelle, die wird anders sein als die jetzige. Und diese Anpassungsprozesse finden einerseits im Markt, andererseits durch freiwilliges Verhalten statt, es braucht aber vor allem entsprechende Weichenstellungen durch die Politik. Und da kann's nur gut sein, wenn in Österreich die Parteien nach dem 29. September für Lösungen zusammenarbeiten werden."

Würden Sie den Satz, dass Sie von der nächsten Regierung mehr Klimaschutz erwarten, unterstreichen?

„Ja, würde ich unterstreichen. Wir reihen uns damit ein in die internationale Gemeinschaft. Wir tun etwas für die Zukunft unserer Kinder und wir tun auch im wirtschaftlichen Bereich etwas Gutes, denn das ist ein Zukunftsmarkt, nach wie vor. Davon bin ich überzeugt."

Auch die Bewegung „Fridays For Future“ wurde erneut mit Lob überschüttet. Deren Vorbild Greta Thunberg durfte Van der Bellen beim UN-Klimagipfel in New York im September 2019 erleben. Von ihrer Rede zeigte er sich tief beeindruckt: „Greta hat die Fähigkeit, direkt ins Herz zu gehen.“ Die jungen Klimaaktivisten seien die „politischen Kräfte von morgen“, freute sich der Bundespräsident anschließend bei einer Pressekonferenz.[43] Dazu kommentierte der damalige Außenminister Alexander Schallenberg, die Debatte sei „vom Hirn in den Bauch gerutscht“. Durchaus kein Seitenhieb auf den überwältigten Van der Bellen, sondern die Freude darüber, dass Emotionen der Klima-Debatte „neue Dynamik“ verleihen würden.[44]

Im Jänner 2020 hatte Van der Bellen sein erstes persönliches Klimaziel mit der Angelobung seiner Grünen als Teil einer Regierung mit der ÖVP endlich erreicht. Doch es war klar, dass mit der ÖVP, die sowohl Industrie als auch Landwirtschaft zu vertreten hat, der Kampf gegen den Klimawandel nicht mit der verbissenen Entschlossenheit geführt würde, mit der die Grünen das gerne mit der ehemaligen NGO-Aktivistin Leonore Gewessler als ministerielle Speerspitze tun würden. Also musste Van der Bellen weiterhin Lobbyingar-

---

43 *https://www.sn.at/panorama/klimawandel/greta-thunberg-mit-wutrede-vor-uno-wie-koennt-ihr-es-wagen-76617169*

44 *https://www.oe24.at/welt/van-der-bellen-von-greta-thunberg-beeindruckt/398775106*

beit leisten. Fast schon drohend versicherte das Staatsoberhaupt in seiner traditionellen Fernseh-Ansprache zum Nationalfeiertag am 26. Oktober 2021 den Österreichern, dass es beim Kampf gegen den Klimawandel „keine Ruhe geben" werde.[45]

Wenngleich begeisterter Wegbereiter für den Klimaschutz, so zeigte sich 2022, dass der Präsident in der praktischen Umsetzung noch nicht ganz trittsicher ist. Während er gemeinsam mit dem niederländischen Königspaar am 30. Juni 2022 mit dem Zug nach Graz reiste, war sein leerer Autokonvoi parallel dazu auf den Autobahnen unterwegs. Das „umweltfreundliche" Wahlkampf-Täuschungsmanöver ging dabei ordentlich in die Hosen. Seitens der Präsidentschaftskanzlei wurden für das Mitführen der leeren Autos „Sicherheitsgründe" ins Treffen geführt.[46]

Immer mit den Eliten, niemals für das Volk!

Asylpolitik und Klimawandel – zwei Themen, die für die Zukunft der Gesellschaft eine entscheidende Rolle spielen. Den Klimawandel – unabhängig davon, wie hoch der Anteil des Menschen daran nun tatsächlich ist – wird Österreich nicht allein stoppen können. In der Zuwanderungsfrage

45 *https://www.tt.com/artikel/30804559/van-der-bellen-will-beim-klima-keine-ruhe-geben*

46 *https://kurier.at/politik/inland/van-der-bellen-reist-mit-zug-limousine-parallel-dazu-unterwegs/402058570*

hingegen könnte die heimische Politik – zumindest mit etwas Stehvermögen gegenüber der EU – sehr wohl Weichen stellen, die unser Land für die Österreicherinnen und Österreicher als Heimat sichern und ihnen dadurch ein Leben in Sicherheit und Wohlstand ermöglichen.

Doch das ist kein Thema für die Globalisten, zu denen längst auch der Bundespräsident gezählt werden muss. Sie stehen immer an der Seite der internationalen Eliten, niemals an der Seite der österreichischen Bürger.

Van der Bellen und die Verfassung.
Ein unschönes Missverständnis

Es war in Folge der Sprengung der bürgerlichen Koalition von ÖVP und FPÖ im Jahr 2019, als Bundespräsident Alexander Van der Bellen vor die laufenden Kameras trat und den viel beachteten Ausspruch tätigte, wonach sich nunmehr „die Eleganz, ja die Schönheit unserer österreichischen Bundesverfassung" zeige. Später ergänzte er:

> *„Die Bundesverfassung war mir wie eine Landkarte, die einen Weg zur Lösung der Regierungskrise vorgezeichnet hatte."*[47]

Dabei vergaß der Bundespräsident jedoch zu erwähnen, dass er sich dennoch verlaufen hatte und erst das Parlament ihm den richtigen Weg zeigen musste. Zwei Jahre später sollte er die Grenzen der Verfassung aus Koalitionsräson gegenüber der schwarz-grünen Bundesregierung sogar bis zur Maßregelung durch den Verfassungsgerichtshof ausreizen. Als die Volksanwaltschaft 2021 Kritik am Umgang der Bundesregierung mit den Grund- und Freiheitsrechten im Zuge der Coronakrise äußerte, schwieg der Bundespräsident, anstatt sich an die Seite der Bürger zu stellen. Auch als die Bundesregierung 2022 im Zuge des russisch-ukrainischen Krieges die immerwährende Neutralität zunehmend lockerer interpretierte, mahnte er beim Beschließen von Sanktio-

---

47 *https://www.vfgh.gv.at/medien/Verfassungstag_beging_hochkaraetig__runden__Geburtsta.de.php*

nen auf EU-Ebene keine Bedachtnahme auf diejenigen ein, die fortan mit einer Rekordteuerung und Energiekrise zu leben haben: die Österreicher.

Verkennung der parlamentarischen Mehrheiten

Die Geschichte des präsidentiellen Irrweges beginnt mit der Entlassung von Innenminister Herbert Kickl auf Vorschlag des damaligen Bundeskanzlers Sebastian Kurz. In einem Gespräch hinter der Tapetentür am Ballhausplatz, in welchem Kurz auf eine Entlassung Kickls drängte, um diesen als Innenminister loszuwerden, willigte Van der Bellen bereitwillig ein. Tun müssen hätte er das keineswegs automatisch, aber die Gelegenheit war günstig. Nicht das Interesse der Österreicherinnen und Österreicher oder eine stabile Regierung standen im Zentrum der Überlegungen dieser Besprechung, sondern die Chance auf Stimmenmaximierung auf der einen Seite und die Hoffnung, im Windschatten der Klimaproteste die grüne Mutterpartei retten zu können, auf der anderen.

Der Rücktritt der übrigen freiheitlichen Regierungsmitglieder als Ausdruck der Empörung, aber auch um das handstreichartige Vorgehen des Bundespräsidenten zu verurteilen, war in dem Zusammenhang ein lautes Warnsignal, welches Van der Bellen hätte hören müssen. Spätestens jetzt – wäre ihm tatsächlich an politischer Stabilität gelegen gewesen – hätte er aktiv die Gespräche mit allen Parteien suchen müssen. Stattdessen formte er aus einer auf breiter Mehrheit beruhenden Koalitionsregierung eine ÖVP-Alleinregierung ohne jede Aussicht auf parlamentarisches Wohlwollen. Die freiheitlichen Minister wurden von als „Experten“ präsentierten Personen ersetzt, ohne der Öffentlichkeit die Chance zu geben, sich von deren Eignung ein Bild zu machen. Während der Präsident sich vereinnahmen und beeinflussen ließ, war es tatsächlich das Parlament, welches die mutwillig herbeigeführte Regierungskrise zu lösen vermochte, denn die Bundesregierung und ihre Mitglieder sind nicht nur vom Vertrauen des Bundespräsidenten, sondern auch vom Vertrauen des Nationalrates abhängig. Der Nationalrat kann der gesamten Bundesregierung oder auch jedem einzelnen Mitglied das Misstrauen aussprechen.

Es ist der Parlamentsmehrheit zu verdanken, dass dieses demokratiepolitisch fragwürdige und in der Geschichte der Zweiten Republik einzigartige Vorgehen unter Federführung des Bundespräsidenten durch einen Misstrauensantrag schon nach sieben Tagen ein rasches Ende fand. Mit der Begründung, dass Bundeskanzler Sebastian Kurz eine einzig von Machtinteressen der ÖVP getriebene Politik betreibe, wurde das ausgesprochene Misstrauen untermauert. Bundespräsident Van der Bellen wurde somit gegen seinen Willen von SPÖ, FPÖ und den Abgeordneten der Pilz-Partei gezwungen, Kurz und sein ÖVP-Alleinregierungsteam des Amtes zu entheben und bis zur Neuwahl für eine Übergangsregierung zu sorgen. Ein nicht unerheblicher Teil des so geäußerten Misstrauens galt wohl auch seiner Amtsführung. Die daraufhin vom Bundespräsidenten gebildete einstweilige Bundesregierung Löger verlängerte die staatspolitische Pein um weitere sechs Tage. Statt die Fortführung der Verwaltung im Einklang mit der Verfassung an leitende Beamte zu übertragen, beließ Van der Bellen jene Personen im Amt, denen das Vertrauen soeben vom Parlament entzogen worden war. Den abgewählten Finanzminister Hartwig Löger beförderte er sogar mit der Betrauung zur einstweiligen Fortführung der Amtsgeschäfte zum Bundeskanzler.

Der politische Befreiungsschlag gelang erst mit der Erteilung des Regierungsbildungsauftrags an Brigitte Bierlein, die zu diesem Zeitpunkt noch Präsidentin des Verfassungsgerichtshofes war. Die daraufhin gebildete Regierung unter Einbindung aller politischen Strömungen entstand aufgrund des parlamentarischen Drucks gegenüber einem unsicher agierenden Bundespräsidenten. Vielleicht entsprach aber genau das der beschworenen Schönheit des Bundes-Verfassungsgesetzes, welches 1920 in fraktionsübergreifendem Konsens einstimmig in der Konstituierenden Nationalversammlung beschlossen worden war.

Hinwegsetzen über den Verfassungsgerichtshof

Wiederum anlässlich einer Premiere in der Geschichte der Zweiten Republik befand sich der Bundespräsident im Sommer 2021 in einer unrühmlichen Hauptrolle. Abermals hatte Van der Bellen Anfang 2020 in bemerkenswerter Pflichtvergessenheit vom Parlament bereits mit Misstrauen bedachte Personen als Minister angelobt, als die aus ÖVP und Grünen gebildete Bundesregierung ihre Ämter antrat. Gernot

Blümel wurde so ÖVP-Finanzminister und erwiderte dem Parlament nunmehr mit zwei Jahren Verspätung sein Misstrauen, indem er dem Untersuchungsausschuss rechtswidrig Unterlagen und Korrespondenzen im Zusammenhang mit mutmaßlich korruptivem Verhalten innerhalb der Volkspartei vorenthielt.

Wo mahnende Worte des Präsidenten angebracht gewesen wären, war es der Verfassungsgerichtshof, der in seinem Erkenntnis eine Pflicht zur Aktenlieferung feststellte. Knapp drei Wochen später – Blümel hatte noch immer nicht geliefert – versuchten die Abgeordneten zum Nationalrat den Bundespräsidenten doch noch zum Handeln zu bewegen, um eine Staatskrise abzuwenden. Der vom Höchstgericht mittels Beschluss angenommene „Antrag, der Verfassungsgerichtshof möge beim Bundespräsidenten die Exekution des Erkenntnisses des Verfassungsgerichtshofes (…) beantragen" schien zunächst für klare Verhältnisse zu sorgen. In seinem Exekutionsbeschluss legt der Verfassungsgerichtshof dar, dass die Pflicht zur Aktenlieferung gegen Blümel zwangsweise durchzusetzen sei. Die Exekution dieser Entscheidung habe nach den Weisungen des Bundespräsidenten durch die nach seinem Ermessen beauftragten Organe des Bundes oder der Länder einschließlich des Bundesheeres durchgeführt zu werden. Die Frage, ob zu exekutieren sei, war somit höchstgerichtlich entschieden. Einzig welche Behörde die Exekution durchzuführen hätte, blieb dem Bundespräsidenten zur Entscheidung überlassen.

Als Van der Bellen eigenmächtig und entgegen dem Beschluss des Verfassungsgerichtshofs dennoch nicht zur Sicherung jener Akten einschritt, die Blümel keinesfalls liefern wollte, waren nicht nur Verfassungsrechtsexperten über das Amtsverständnis des Bundespräsidenten verwundert. Stattdessen verkündete er, von einer Exekution Abstand nehmen zu wollen, da der Finanzminister bei einer Pressekonferenz angekündigt habe, die geforderten Materialien doch zu liefern. Dass ein Bundespräsident sich derart über den Verfassungsgerichtshof hinwegsetzen würde, war nicht zu erwarten, aber die Posse war noch nicht zu Ende. Die Lieferung der Akten aus dem Finanzministerium war unvollständig und zum Teil mangelhaft, weshalb die Parlamentsparteien den Bundespräsidenten aufforderten, endlich seinem vom Verfassungsgerichtshof erteilten Auftrag nachzukommen. Im blinden Vertrauen auf „seinen" Finanzminister weigerte sich der Bundespräsident jedoch weiterhin. Statt endlich tätig zu werden, wandte er sich außerhalb jeder Systematik des Rechtsstaates neuerlich postalisch an den Verfassungsgerichtshof „mit dem Ersuchen um Mitteilung", ob dieser seinen Antrag „aufrecht erhalte". Die Antwort des Verfassungsgerichtshofs war eine schroff vorgetragene Lektion im Verfassungsrecht und enthielt die unmissverständliche Wiederholung der ursprünglichen Botschaft:

> *„Die Exekution des in Rede stehenden Erkenntnisses ist nach den Weisungen des Bundespräsidenten durch die nach seinem Ermessen beauftragten Organe durchzuführen."*[48]

---

48 *https://www.vfgh.gv.at/medien/Exekution_Schreiben_Bundespraesident.php*

Bis die schließlich mit der Exekution beauftragte Einzelrichterin des Landesgerichts die fehlenden Daten an das Parlament liefern konnte, verging somit insgesamt über ein halbes Jahr an wertvoller Zeit, in welcher die parlamentarische Aufklärung mutwillig behindert wurde.

Bedingungslose Regierungstreue in der Coronapolitik

Im Bericht der Volksanwaltschaft zur Coronapolitik aus dem Jahr 2020 wird der schwarz-grünen Bundesregierung im Hinblick auf die Achtung der Menschenrechte ein vernichtendes Zeugnis ausgestellt. Im Bericht des Folgejahres 2021 musste die Kritik, dass die Rechtslage oft sehr kurzfristig geändert, COVID-19-Verordnungen oft in letzter Minute in Kraft gesetzt und ihr Inhalt unklar kommuniziert wurde, erneuert werden. So heftig der Tadel auch ausfiel, so laut war das Schweigen des Bundespräsidenten. Die fehlende Eindeutigkeit schnell entstandener und rasch wieder geänderter Gesetze und Verordnungen war der zentrale Kritikpunkte an der COVID-19-Rechtssetzung in Österreich. Zu hauptsächlichen Informationsquellen vieler Menschen wurden die in den Medien übertragenen Pressekonferenzen der Bundesregierung. Die dort kommunizierten Unschärfen oder gar Fehlinformationen im Vergleich zu den erst später – meist ohne vorangehendes Begutachtungsverfahren – kundgemachten Rechtstexten wurden dabei augenscheinlich auch vom gegenzeichnenden Bundespräsidenten in Kauf genommen.

Vorbei an jeder Schönheit und Eleganz der Verfassung wurde die medial verkündete Information über geltendes Recht gestellt. Der Inhalt von Ge- und Verbotsnormen wurde in einer täuschenden Art unrichtig kommuniziert, wodurch sogar die Polizei ihr Handeln an den bei Pressekonferenzen und in Medienberichten verkündeten Inhalten – freilich fern von jeder Rechtsgrundlage – ausrichtete. Für juristische Laien war unklar, welches Verhalten zum Schutz vor Infektionen lediglich empfohlen, welches Handeln oder Unterlassen hingegen tatsächlich mit Strafe bedroht war. Alleine wegen des widerrechtlichen Betretens öffentlicher Orte erfolgten zehntausende Anzeigen, die zu ebenso vielen Verwaltungsstrafen aufgrund einer Verordnung führten, deren Gesetzwidrigkeit der Verfassungsgerichtshof später feststellte. In Reaktion auf die höchstgerichtliche Entscheidung wandten sich zahlreiche Betroffene an die Volksanwaltschaft und hofften auf die Aufhebung ihrer Strafbescheide bzw. die Rückerstattung der von ihnen bezahlten Beträge. Die Opfer hatten kein Verständnis für Strafen, die auf Grundlage einer gesetzwidrigen Verordnung verhängt wurden. Auch die Höhe der Strafen von oft mehreren hundert Euro hielten sie für unangemessen.

Die Volksanwaltschaft stellte sich folglich konsequent an die Seite der Österreicherinnen und Österreicher und ersuchte die Bundesregierung und alle Landesregierungen, die Erlassung eines Amnestiegesetzes zu prüfen. Nicht Van der Bellen, sondern die Volksanwaltschaft mahnte ein, dass gesundheitspolitische Entscheidungen mit den Regeln der parlamentarischen Demokratie und des Rechtsstaats im Einklang stehen müssten. Vor diesem Hintergrund erscheint es wenig verwunderlich, dass der Präsidentschaftswahlkampf Van der Bellens von Protesten begleitet wird, hat er es doch vorgezogen, sein politisches Gewicht nicht gegen die Regierungsexzesse in die Waagschale zu werfen.

Schweigen zur Abschaffung der immerwährenden Neutralität

Die österreichische Neutralität wurde am 26. Oktober 1955 in einem eigenen Bundesverfassungsgesetz beschlossen. In diesem Gesetz erklärt Österreich seine immerwährende Neutralität und verpflichtet sich zur Aufrechterhaltung und Verteidigung dieser Neutralität. Außerdem verbietet das Gesetz den Beitritt zu Militärbündnissen und die Errichtung von fremden Militärstützpunkten auf österreichischem Gebiet. Als neutraler Staat darf sich Österreich auch an keinem zwischenstaatlichen Krieg aktiv oder passiv (etwa durch Waffenlieferungen oder das Bereitstellen seines Staatsgebiets) beteiligen. Es war daher keineswegs in Stein gemeißelt, dass Österreich als Konsequenz des russisch-ukrainischen Krieges als Verlierer mit einer Kostenexplosion, hoher Arbeitslosigkeit und geschwächter Wirtschaft überbleiben würde. Mit einer konsequenten Neutralitätspolitik, ohne diese mehr oder weniger heimlich in Frage zu stellen, wäre das vermeidbar gewesen. Eine Studie im Auftrag des Bundesministeriums für Landesverteidigung aus dem März 2022 belegt eindeutig den hohen Wert der Neutralität für die Österreicherinnen und Österreicher: 83 Prozent der Befragten plädierten für deren Beibehaltung.[49]

---

49 *https://www.tt.com/artikel/18646862/70-prozent-vertrauen-dem-bundesheer*

Wird Österreich dank des ungeschickten außenpolitischen Agierens seiner Vertreter von den Konfliktparteien nicht länger als neutraler Staat wahrgenommen, kann das im Falle einer Ausweitung des Kriegs verheerende Folgen für die Österreicherinnen und Österreicher haben. Insbesondere der Bundespräsident vertritt die Republik nach außen und wäre gefordert, ein Agieren im Sinne der immerwährenden Neutralität – eine Errungenschaft, auf die Österreich zu Recht stolz war und ist – einzumahnen und sich selbst dementsprechend zu verhalten. Statt diese Neutralität im Fahrwasser von EU-Sanktionen immer weiter zu untergraben, wäre es an Van der Bellen gelegen, Neutralität im Sinne von Äquidistanz und einer Vermittlerrolle vorzuleben und einzufordern.

Falsches Selbstvertrauen und neue Töne

Dass die von Van der Bellen angelobte schwarz-grüne Bundesregierung trotz einer Anhäufung von gravierenden Staatskrisen nur mehr mit Skandalen, Personalrochaden und Streit auffällt, liegt auch in seiner Verantwortung. Insgesamt 14-mal wurden Mitglieder dieser Regierung ausgewechselt und es wurde bereitwillig Ersatzpersonal von ihm angelobt – ein einsamer Rekord in der Geschichte der Zweiten Republik. Statt sich mit der eigenen Rolle hinsichtlich der Personalauswahl und des Umgangs mit multiplen Krisen kritisch auseinanderzusetzen, äußerte sich der sonst verfassungspatriotisch argumentierende Bundespräsident jedoch in neuer Tonalität – freilich rein auf die „Klimakrise“ gemünzt:

„Wir müssen jetzt nachdenken, ob unsere rechtlichen Grundlagen, also Verfassung und Gesetze, und unsere Organisationsstrukturen ausreichen, um diese Krise und ihre Folgen zu bewältigen."[50]

Dabei handelt es sich angesichts dessen, dass die Verfassung in Alexander Van der Bellens Amtsperiode mehr denn je als Sicherheitsnetz für einen oftmals unglücklich agierenden Bundespräsidenten fungieren musste, um eine bemerkenswert selbstbewusste Aussage. Unser Österreich bekommen wir so sicher nicht zurück.

---

50 *https://www.bundespraesident.at/aktuelles/detail/teilnahme-am-verfassungstag-rede-1*

Der illiberale Demokrat.
Das seltsame Freiheitsverständnis von Alexander Van der Bellen

Dass Alexander Van der Bellen aus der politisch ganz linken Ecke kommt, ist kein Geheimnis, zumal er selbst gerne mit seiner „Revoluzzer"-Vergangenheit kokettiert. Im 2015 erschienenen Buch „Die Kunst der Freiheit: In Zeiten zunehmender Unfreiheit" schreibt Van der Bellen über seine Zeit als Assistent an der Universität Innsbruck: *„Ich galt nicht zuletzt wegen meiner damaligen dogmatisch antikapitalistischen, prosozialistischen Ader bald als der ‚rote' Van der Bellen"*.[51] Weshalb die SPÖ, wie Van der Bellen stolz schreibt, *„irgendwann auf den jungen Revoluzzer aufmerksam wurde."*[52]

„Auch wenn es in Innsbruck keine wilden Kommunen gab (…) schauten wir fasziniert auf all das, was in den europäischen Zentren der Studentenproteste geschah."[53] Van der Bellen war ein 68er, der sogar Sympathien für Linksextremisten wie Fritz Teufel[54] hegte. Teufel war führendes Mitglied der linksradikalen Terrorgruppe „Tupamaros München"[55] und später Mitglied der linksextremen Terrorvereinigung „Be-

---

51 Van der Bellen 2015, eBook Kapitel „1968: Gamsbart-Kultur ade"

52 Van der Bellen 2015, eBook Kapitel „Politische Anfänge"

53 Van der Bellen 2015, eBook Kapitel „1968: Gamsbart-Kultur ade"

54 https://de.wikipedia.org/wiki/Fritz_Teufel

55 https://de.wikipedia.org/wiki/Tupamaros_M%C3%BCnchen

wegung 2. Juni"[56] Er saß wegen illegalen Waffenbesitzes und Mitgliedschaft in einer terroristischen Vereinigung fünf Jahre in Haft.

Vor seiner Terroristenkarriere stand Teufel vor Gericht, weil er verdächtigt wurde, bei einer Demonstration Steine geworfen zu haben. Bei der Gerichtsverhandlung sagte er zum Richter, als ihn dieser aufforderte, aufzustehen: *„Na wenn's der Wahrheitsfindung dient."* Dieser Auftritt Teufels vor Gericht hat Alexander Van der Bellen nachhaltig beeindruckt: *„Diese lässig-ironische Grundhaltung gegenüber allem, was etabliert zu sein schien, hat mir doch sehr imponiert."*[57]

Van der Bellen bewundert nicht nur Linksextremisten wie Teufel, er war auch, wie er selbst schreibt, auf linken Demos und Protestkundgebungen: *„1968 und in den Folgejahren waren bei allen Veranstaltungen zur Abschaffung des Bundesheeres, zur Uni-Reform, zum Vietnamkrieg etc. Staatspolizisten in Zivil präsent. Das war uns Teilnehmern auch bewusst."*[58] Er sei damals ein *„arroganter Antikapitalist"*[59] und ein *„kultureller Anarchist"*[60] gewesen. Angesichts dieser Selbstbeschreibung verwundert es nicht, dass Van der Bellen in den 1970ern die KPÖ gewählt hat.[61]

---

56 https://de.wikipedia.org/wiki/Bewegung_2._Juni

57 Van der Bellen 2015, eBook Kapitel „1968: Gamsbart-Kultur ade"

58 Van der Bellen 2015, eBook Kapitel „Digitale Zerrbilder"

59 Van der Bellen 2015, eBook Kapitel „Digitale Zerrbilder"

60 Neuwirth 2001, Seite 41

61 https://www.heute.at/s/van-der-bellen-kommunisten-aus-frust-gewahlt-30315843

Bei einem TV-Interview darauf angesprochen, giftete Van der Bellen, ob das hier eine „*Archäologiestunde*" sei. Mit seiner kommunistischen Vergangenheit kokettiert er nur gerne, wenn er sich unter seinesgleichen, sprich unter Linken wähnt, in der heißen Phase eines Wahlkampfes, wenn es darum geht, Stimmen auch aus dem bürgerlichen Lager einzusammeln, kommt ihm der Verweis auf seine wilden Revoluzzerjahre hingegen ungelegen.[62]

Schließlich haben 2016 die Grünen und ihre Netzwerke viel Energie und große Summen[63] investiert, um Van der Bellen einen bürgerlichen Anstrich zu verpassen, ihn als Kandidaten der Mitte zu positionieren. Seine treuen linken Fans und Genossen wussten trotz dieses aufgesetzten Heimat-Wahlkampfes, dass die Anbiederung an die von ihnen verachteten „einfachen" Leute nur Mummenschanz, eine Strategie zur Stimmenmaximierung war. „Der Standard" schrieb damals: „*Van der Bellen setzt auf Heimatliebe und Zusammenhalt.*"[64] Auch wenn der mit Hund vor der Tiroler Bergkulisse posierende Van der Bellen wie ein Fremdkörper wirkte, die Hansi-Hinterseer-artige Inszenierung komplett unauthentisch war, die grüne Wahlkampfklamotte reichte aus, um genügend ÖVP-Wähler zu motivieren, beim Altkommunis-

---

62 *https://www.heute.at/s/van-der-bellen-kommunisten-aus-frust-gewahlt-30315843*

63 *Der VdB-Wahlkampf kostete über 7 Millionen Euro, zu den Großspendern gehört Hans Peter Haselsteiner mit 100.000 Euro. Siehe: https://www.vienna.at/ueber-sieben-millionen-van-der-bellen-legt-wahlkampf-kosten-offen/5032926*

64 *https://www.derstandard.at/story/2000033311073/plakatkampagne-van-der-bellen-setzt-auf-heimatliebe-und-zusammenhalt*

ten ein Kreuz zu machen. Sogar mit Tiroler Schützen hatte sich der Gegner von privaten Schusswaffen ablichten lassen, wenn auch mit säuerlicher Miene. Van der Bellen ist in dieser Hinsicht flexibel. Wenn es die Umstände und politischen Ziele erfordern, wechselt er, zumindest nach außen, seine Werte, Einstellungen und Meinungen. Das gibt er offen zu. Er schreibt:

> *„Verschweigen, vernebeln oder gegen die eigene Überzeugung reden kann im politischen Kontext manchmal sogar vernünftig und strategisch zielführend sein.“*[65]

Das ist nicht nur für einen Bundespräsidenten, zu dessen wichtigsten Aufgaben es gehört, Verfassung und Rechtsstaat zu schützen und zu bewahren, ein fragwürdiges Verhältnis zur Wahrheit. Wenn es der politischen Karriere und der Erringung von Macht dient, ist alles erlaubt. Allerdings nur für Van der Bellen und seine Öko-Genossen. Sie kämpfen schließlich für die gute Sache. Diese moralischen Doppelstandards prägen die gesamte politische Laufbahn Van der Bellens.

Als er 1997 zum Chef der Grünen aufstieg, lag die linksalternative Truppe bei mageren 4,8 Prozent.[66] Um das Wählerreservoir über den linksalternativen/extremen Rand hinaus zu vergrößern, brauchte man ein neues Image. Van der Bellen sollte als der „Professor“ den Grünen einen seriöseren Touch verleihen. Der „*arrogante Antikapitalist*“ wandelte sich für

---

65 *Van der Bellen 2015, Kapitel „Zwischen Transparenz und Lüge“*

66 *https://de.wikipedia.org/wiki/Alexander_Van_der_Bellen#Partei*

die Öffentlichkeit zum „*Liberalen*". Deshalb veröffentlichte er auch 2015 sein Buch, in dem er sich als Freiheitskämpfer geriert. Dass er liberal sei, betont Van der Bellen seither gerne und oft. Mehr als ein Lippenbekenntnis war es nie. Die Mainstreammedien übernahmen das von den Grünen verbreitete Narrativ, dass Van der Bellen die Partei vom linken Rand in die politische Mitte geführt habe. Obwohl er seine sozialistische/kommunistische Vergangenheit nie glaubhaft abgelegt hat und seinen politischen Standpunkten stets treu geblieben ist. „Standard"-Edelfeder Hans Rauscher schreibt, ohne jede Ironie im aktuellen Wahlkampf zur anstehenden Bundespräsidentenwahl: „*Diese wird von den Rechten als Möglichkeit gesehen, politisch zu punkten und den Teil der Wählerschaft abzukassieren, dem VdB zu liberal ist.*"[67]

Diese billige Täuschung funktioniert in Österreich deshalb, weil es – obwohl einige der bedeutendsten liberalen Denker österreichische Wurzeln haben[68] – keine liberale Tradition und kein Verständnis für liberale oder gar libertäre Positionen gibt. Deshalb können sich klassische Linke wie Van der Bellen oder auch die Neos, die ihre letzten liberalen Rückstände spätestens mit dem Abgang von Sepp Schellhorn entsorgt haben, als Liberale ausgeben. Lediglich in der Freiheitlichen Partei gibt es einen liberalen Flügel, der

---

67 https://www.derstandard.at/story/2000138243553/ein-rechtes-gedraenge-bei-derbundespraesidentschaftswahl

68 Die Vertreter der „Österreichischen Schule der Nationalökonomie" gehören zu den bedeutendsten liberalen Denkern und Theoretikern: Carl Menger, Friedrich August von Hayek, Ludwig von Mises etc. Sie sind in den USA be- und anerkannter als in ihrem Heimatland.

diesen Namen verdient. Wie weit das politische Koordinatensystem Van der Bellens und seiner Sympathisanten nach links verschoben ist, zeigt seine Aussage: *„Heute (...) steht die überwiegende Mehrheit der akademischen Intelligenz politisch nicht (weit) rechts, sondern in der liberalen Mitte.“*

Der universitäre Bereich war der erste, den die Linke bei ihrem Marsch durch die Institutionen erobert hat. Die heimischen Hochschulen sind zu ideologischen Brutstätten der Linken verkommen, eine „liberale Mitte“ ist kaum mehr zu finden. Van der Bellen ist – wenn überhaupt – ein sogenannter Bindestrich-Liberaler, also jemand, der seinen Liberalismus zwingend mit linken Ideen und Freiheitseinschränkungen kombinieren, sprich konterkarieren muss: links-liberal, sozial-liberal, gesellschafts-liberal etc. Doch links und liberal sind ein Gegensatzpaar. Beides geht nicht. Liberale sind Individualisten, Linke Kollektivisten, Liberale orientieren sich am Individuum und seiner Freiheit, Linke am Staat. Ein nicht zu lösender Widerspruch. Als links-liberal bezeichnen sich ausschließlich Linke wie Van der Bellen, die sich mit dem Zusatz „liberal“ ein modernes, urbaneres, etwas bürgerlicheres Image verpassen wollen. Das ist auch die Grundlage von Van der Bellens „Liberalismus“, der zwar in Büchern und Sonntagsreden gerne von Freiheit, Individualität und Eigenverantwortung schwadroniert. Diese Grundhaltungen, die das liberale Fundament bilden, spielen in seinem politische Wirken aber keine Rolle.

Van der Bellen hat einen geradezu idealtypischen linken Lebenslauf, er hat den geschützten staatlichen Bereich nie verlassen, immer vom Geld, das andere erwirtschaftet haben, gelebt. Es ist also nicht verwunderlich, dass der selbsternannte Liberale die Wirtschaft und den freien Markt, die er nur aus seiner Studierstube und den Erzählungen seiner linken Community kennt, für fremd, bedrohlich und gefährlich hält. So schreibt er, dass die *„vornehmste Aufgabe der Politik sei, den Menschen Sicherheit zu vermitteln – damit sie im System des anarchistischen Marktes reüssieren können."*[69]

Dass er das Wesen der freien Marktwirtschaft nie verstanden hat, beweist er mit dieser Aussage: *„Der Markt belohnt nur Leistung, die nachgefragt wird (...)."*[70] Was er hier bemängelt, ist das Erfolgsprinzip des freien Marktes. Van der Bellen ist wie mehr oder weniger die gesamte grüne Parteispitze direkt oder indirekt vom Umverteilungs-Staat abhängig. Entsprechend ist ihre Politik ausgerichtet. Der Journalist Stefan Laurin beschreibt dieses Milieu treffend:

> *„Die führenden Köpfe der neuen Elite sind Politiker, Journalisten, Führungskräfte von NGOs, Professoren in Fächern mit geringer wirtschaftlicher und technologischer Bedeutung wie Kulturwissenschaft, Gender-Studies und Soziologie und der Mittelbau und die Spitzen von Verwaltungen. Sie alle haben eines gemeinsam: Der Kampf um ihre wirtschaftliche*

---

69 *Van der <Bellen 2015, Kapitel Sicherheit, Korruption, Grasser*

70 *Van der Bellen, 2015, Kapitel „Liberale in der Politik"*

Existenz ist eng verbunden mit dem Kampf um den Zugriff auf öffentliche Mittel und die Förderung durch die Politik und durch sie unterstützende Gesetze."[71]

Sie betreiben in erster Linie linke Klientelpolitik, also Politik für jene, die so wie sie von Steuergeldern leben. Umweltschutz, soziale Gerechtigkeit und andere grüne Kernthemen sind nur ein Vorwand, um möglichst viel Geld in das eigene politische Umfeld zu pumpen. Deshalb wird im türkis-grünen Koalitionsabkommen die Aufwertung der NGOs, das sind in der Regel grüne Vorfeldorganisationen, gleich mehrfach festgehalten. Grünes Engagement und grüne Politik sind immer mit enormen staatlichen Ausgaben und Maßnahmen zu Lasten der Allgemeinheit verbunden. Den besten Beweis dafür liefert aktuell Infrastrukturministerin Leonore Gewessler.

Die Grünen sind die am wenigsten liberale Partei, die grün-linke Ideologie ist vielmehr das Gegenteil von Liberalismus. Grüne inklusive Van der Bellen sind jene politische Kraft, die sich am offensivsten und leider auch erfolgreichsten für einen möglichst starken und alles umfassenden Staat einsetzt, der wirklich alles bestimmt, kontrolliert und regelt. Sie setzen die 68er-Maxime „Das Private ist politisch" in die Praxis um. Mit den Grünen in der Regierung dringt der Staat in alle Bereiche des Lebens der Bürger ein.

Seit Van der Bellen in der Hofburg und die Grünen in der Regierung sitzen, sind die Bürger- und Freiheits-

71 *https://www.orf-watch.at/print.php?type=Bebatte&beitrag=1488*

rechte massiv eingeschränkt worden – man denke an die überschießenden Corona-Maßnahmen –, gleichzeitig sacken der Lebensstandard und das Wohlstandsniveau der Bevölkerung ab. Sozialistische Politik as usual.

Die Grünen wollen den Bürgern vorschreiben, was sie zu essen haben, was sie lesen dürfen, wie sie sich fortzubewegen haben, wie lang sie warm duschen dürfen etc. Schritt für Schritt setzen sie, mit stiller oder offener Zustimmung des Bundespräsidenten im Rücken, diese zutiefst freiheits- und wirtschaftsfeindliche Politik um. Deshalb sind Aussagen Van der Bellens in Bezug auf Freiheit und Individualität nur eine Verhöhnung der Bürger. An ihren Taten sollt ihr sie erkennen:[72] Van der Bellen hat mit seinem Agieren oder besser Nicht-Agieren während der Corona-Pandemie zugelassen, dass vor allem seine erfolglosen grünen Gesundheitsminister die Freiheit der Bürger massiv eingeschränkt haben. Van der Bellen ist als Bundespräsident selbst dann nicht eingeschritten, als Verfassungsexperten Alarm geschlagen haben. Trotzdem schreibt er: *„Meinungsfreiheit, Versammlungsfreiheit, Reisefreiheit sind Säulen dieser Freiheit, auch die Privatsphäre ist unantastbar.“*[73]

Wirklich jede politische Strategie und Lösung geht bei den Grünen in eine Richtung: mehr Staat, mehr Kontrolle, mehr Steuern, mehr Gesetze, mehr Bürokratie, mehr Ver- und Gebote etc. Van der Bellen liegt mit den grünen Fundis wie

---

72 1. Johannes 2,1-6

73 Van der Bellen 2015, Kapitel „Die Freiheit. Die aus den Büchern kam“

Gewessler auf einer Linie. Deshalb schreitet er auch nicht ein, wenn seine grünen Regierungsmitglieder die aktuellen Krisen – Corona, Energieknappheit, Geldentwertung etc. – dazu nutzen, um die Bürgerrechte konsequent einzuschränken, ihre Maßnahmen immer autoritärere Züge annehmen. Man denke etwa an den gescheiterten Gesundheitsminister Rudolf „ Rudi" Anschober, der u.a. die Polizei dazu ermächtigen wollte, ohne richterlichen Beschluss in Häuser und Wohnungen eindringen zu können.[74] Eine Maßnahme, wie man sie aktuell vor allem aus kommunistischen Diktaturen wie Nordkorea kennt.

Van der Bellen, der sich, als die FPÖ in der Regierung saß, unablässig um Österreichs Ansehen, die Demokratie und Grundrechte sorgte,[75] obwohl es dazu nie eine konkreten Anlass gab, hat Anschober und die Grünen gewähren lassen, hatte auch kein Problem mit Methoden, die mehr an einen Polizeistaat als an eine westliche Demokratie erinnerten. Nicht der Bundespräsident, sondern FPÖ, Neos und namhafte Verfassungsexperten haben mit ihrer massiven Kritik den verfassungswidrigen Ostererlass von Anschober entschärft.[76] Van der Bellen stört sich nicht an autoritärer Politik und Einschränkungen der Bürgerrechte, solange Linke sie zu verantworten haben. Für ihn gilt: Politik, die

---

74 https://kurier.at/politik/inland/heftiger-wirbel-um-anschobers-oster-erlass/400803371

75 Siehe dazu Reichel 2019

76 https://www.derstandard.at/story/2000116589247/husch-pfusch-gesetze-zahllose-erlaesse-das-virus-im-massnahmengesetz

auf linker Ideologie basiert, ist immer eine gute und wünschenswerte, egal wie groß die Schäden sind, die sie anrichtet, während rechte und liberale per se dumm, gefährlich und abzulehnen ist. Deshalb kritisiert Van der Bellen auch nicht die desaströse Energiepolitik seiner Ministerin, die de facto eine grüne Energieplanwirtschaft ist, sondern rät den Österreichern, die angesichts der explodierenden Energiepreise nicht mehr wissen, wie sie ihr Leben finanzieren sollen: *„Zähne zusammenbeißen, dann wird's schon irgendwie gehen."*[77]

Die Bürger sollen die *„Zähne zusammenbeißen"*, sprich: frieren und hungern, obwohl die grüne Energiewende ihr erklärtes Ziel, CO_2-Emissionen zu reduzieren, verfehlt, sie sind 2021 sogar deutlich gestiegen.[78] Gewesslers Politik gefährdet die Energieversorgung und lässt die Energiepreise explodieren, sie ist ein gigantisches Wohlstandsvernichtungsprogramm, ohne dabei irgendeinen positiven Effekt für die Umwelt zu erzielen. Doch um das Klima geht es den Grünen ohnehin nicht: *„Das Ziel, unseren Planeten (...) lebenswert und -fähig zu erhalten, rechtfertig auch eine Einengung jener Freiheiten, die wir bisher zu haben glaubten"*,[79] schreibt Van der Bellen. Nicht die Rettung des Planeten, sondern die Einschränkung der Bürgerrechte, der Freiheit

---

77 *https://exxpress.at/was-van-der-bellen-allen-jungen-oesterreichern-raet-und-so-erneut-fuer-kritik-sorgt/*

78 *https://www.wienerzeitung.at/nachrichten/wirtschaft/oesterreich/2145106-Industrie-Emissionen-2021-wieder-deutlich-gestiegen.html*

79 *Van der Bellen 2015, Kapitel „Freiwillig Einengung"*

der Menschen, ist das Ziel grüner Umweltpolitik. Aus dieser Perspektive ist die Energiewende sogar sehr erfolgreich.

Van der Bellen hat für einen „liberalen" Wirtschaftsprofessor ein seltsames Verhältnis zur Marktwirtschaft. Er tendiert, wie alle Sozialisten, zur Planwirtschaft. Er spricht etwa von der „*Anarchie des Marktes*"[80] und gibt vor, mit zentral gesteuerter grüner Staatswirtschaft könnten das Klima und der Planet gerettet werden. Wohin diese Politik führt, zeigt die aktuelle Krise, die Van der Bellen ausschließlich dem russischen Präsidenten Wladimir Putin anlastet. Der Volkswirtschaftsprofessor geht sogar so weit, die Inflation, die lange vor dem Ukraine-Krieg angezogen hat, diesem Konflikt anzulasten, wohlwissend, dass die EU und die EZB mit ihrer Politik der exzessiven Geldmengenerweiterung die wahren Inflationstreiber sind: *„Nächstes Jahr sieht's ähnlich wie heute aus. Weil die Inflation ja nicht vom Himmel gefallen ist, sondern eine Folge des Ukraine-Krieges ist."*[81] Bei solchen Aussagen gilt wohl der Van der Bellensche Grundsatz, *„verschweigen"* und *„vernebeln"* könne *„im politischen Kontext zielführend sein"*.

Auch sein Verhältnis zur Meinungsfreiheit ist ein sehr linkes, kein liberales. Das zeigte sich auch während des Präsidentschaftswahlkampfes 2022, als der 24-jährige Hadi Mata den indisch-britischen Autor Salman Rushdie mit einem Messer attackierte und schwer verletzte. Van der Bellen reagierte auf

---

80 Neuwirth 2001, Seite 50

81 https://exxpress.at/was-van-der-bellen-allen-jungen-oesterreichern-raet-und-so-erneut-fuer-kritik-sorgt/

dieses islamistische Attentat pflichtschuldig mit den üblichen Phrasen, ohne auch nur am Islam anzustreifen:

> *„Ich bin zutiefst bestürzt über den brutalen Angriff auf den großartigen Menschen und Autor Salman Rushdie – Hass und Gewalt dürfen keinen Platz in unserer freien Gesellschaft haben. Ich wünsche ihm und seiner Familie viel Kraft in dieser Zeit."*[82]

Dass der islamophile Van der Bellen, der auch den österreichischen Frauen empfehlen will, Kopftuch zu tragen,[83] das Wort Islam im Zusammenhang mit einem eindeutig islamistisch motivierten Anschlag nicht in dem Mund nimmt, verwundert deshalb nicht. Die Gefühle der Vertreter der „Religion des Friedens" haben für ihn offenbar einen höheren Stellenwert als demokratische Grundrechte wie die Meinungsfreiheit. Rushdie, der seit 1989 von einer Todes-Fatwa, das ist ein islamisches Gottesurteil, bedroht wird, sagte: *„'Respect for religion' has become a code phrase meaning, fear of religion.' Religions, like all other ideas, deserve criticism, satire, and, yes, our fearless disrespect."*[84]

Dieser Satz könnte als Mahnung direkt an seinen „Bewunderer" Van der Bellen gerichtet sein, der zwar gerne die Kir-

---

82 *https://exxpress.at/nach-seiner-reaktion-auf-salman-rushdie-attentat-viel-kritik-an-van-der-bellen/*

83 *„(...) wird noch der Tag kommen, wo wir alle Frauen bitten müssen, ein Kopftuch zu tragen. Alle (...)" https://www.diepresse.com/5207179/wir-werden-alle-frauen-bitten-muessen-ein-kopftuch-zu-tragen-aus-solidaritaet*

84 *https://en.wikipedia.org/wiki/Salman_Rushdie*

che kritisiert, sich aber beim Islam stets „tolerant" gibt. In einem Interview im Jahr 2001 sagte Van der Bellen: Er habe dem iranischen Botschafter zu erklären versucht, *„daß keine normalen Beziehungen zu seinem Land möglich sind, solange der Todesbefehl gegen Salman Rushdie nicht aus der Welt geschafft ist"*.[85]

20 Jahre später ist der „Todesbefehl" noch immer nicht aus der Welt geschafft. Trotzdem sendete Bundespräsident Van der Bellen Glückwünsche an den „Schlächter von Teheran", an Ebrahim Raisi, als dieser zum neuen Präsidenten des Irans gemacht wurde. Diese Anbiederung an ein Terrorregime ging sogar einigen Grünen zu weit: *„Diese nicht notwendige Aufwertung des menschenverachtenden und verbrecherischen Regimes und seiner Protagonisten im Iran ist für viele zu Recht befremdlich"*,[86] so die außenpolitische Sprecherin der Grünen, Ewa Ernst-Dziedzic.

Schon drei Jahre zuvor hatte Van der Bellen international für Irritationen gesorgt, als er Raisis Vorgänger Hassan Rohani mit rotem Teppich und allen Ehren in der Hofburg empfing und sich fröhlich mit ihm ablichten ließ. Die Bild-Zeitung titelte: *„Europa darf keinen roten Teppich für Henker und Terroristen ausrollen!"*[87]

---

85 Neuwirth 2001, Seite 139

86 https://kurier.at/politik/ausland/gruene-van-der-bellens-glueckwuensche-an-irans-praesident-befremdlich/401435881

87 https://kurier.at/politik/inland/rouhani-in-wien-bild-kritisiert-skandal-besuch/400060970

Wenn es um seine islamischen Freunde geht, ist Van der Bellen das Ansehen Österreichs, um das er ansonsten so demonstrativ besorgt ist, offenbar kein Anliegen, auch nicht die Freiheit der Presse, Meinung und Kunst. Als in der dänischen Zeitung „Jyllands-Posten" veröffentlichte Mohammed-Karikaturen weltweit blutige Unruhen[88] ausgelöst haben, schrieb Van der Bellen:

> *„Die Pressefreiheit etwa, und damit auch die Freiheit der Karikatur und Meinungsäußerung, hat in modernen, multiethnischen und -religiösen Gesellschaften eine andere Funktion als zu Beginn des 19. Jahrhunderts. (…) Es macht definitiv einen Unterschied, ob man den dänischen Premierminister karikiert oder ob man sich über eine kleine Minderheit lustig macht."*[89]

An dieser Aussage ist so ziemlich alles falsch und vieles demokratiepolitisch extrem bedenklich. Nein, Meinungsfreiheit gilt uneingeschränkt, auch und gerade für *„multiethnische"* Gesellschaften und Religionskritik. Muslime sind nicht in Dänemark[90] und schon gar nicht weltweit eine *„kleine Minderheit"*, und die dänischen Karikaturisten haben sich über niemanden *„lustig gemacht"*, sondern sich kritisch mit einer Polit-Religion und islamischem Extremismus

---

88 Bei den rund 100 Menschen ums Leben gekommen sind. Sie dazu: https://de.wikipedia.org/wiki/Mohammed-Karikaturen

89 Van der Bellen 2015, Kapitel „Verspottungsfreiheit"

90 Zur Zeit des Karikaturenstreits lebten ca. ein Viertel Million Muslime in dem kleinen Land

auseinandergesetzt. Der Präsident eines westlichen, demokratischen Staates sollte sich ohne Wenn und Aber für Meinungsfreiheit einsetzen und sie nicht beim ersten Gegenwind verraten, zumal Van der Bellen auch nicht mit Kritik an der Kirche spart. 2001 sagte er: „*Bischof Krenn verkörpert alles, was ich für inakzeptabel halte. Der Wahrheitsanspruch, das Totalitäre, Wahrheiten, die in Wahrheit nur schlicht Behauptungen sind.*“[91] Da ist ihm der „Schlächter von Teheran“ offenbar sympathischer.

Diese Widersprüchlichkeiten teilt Van der Bellen mit vielen Linken, die bei ihrer Religionskritik den Islam aus strategischen Überlegungen und vor allem aus Feigheit aussparen und die seit Jahren mit ihrer Open-Border-Politik aktiv die Islamisierung Europas vorantreiben, weil sie aus wahlstrategischen und ideologischen Gründen den Proletarier gegen den Migranten, der in Europa in der Regel ein Muslim ist, ausgetauscht haben. Nun dient den Linken der „diskriminierte“ und „ausgebeutete“ Migrant als Vorwand für den linken Umbau der Gesellschaft und den Ausbau des Umverteilungsstaates. Mit weitreichenden Folgen für unsere (noch) demokratisch verfasste Gesellschaft. Als im November 2020 ein Islamist in der Wiener Innenstadt drei Menschen getötet und 23 zum Teil schwer verletzt hat, vermied es Van der Bellen ebenfalls, die religiösen, sprich islamischen Hintergründe zu erwähnen und sprach wolkig von einem „*Anschlag auf das Herz unserer Gesellschaft*“.[92]

---

91 Neuwirth 2001, Seite 70

92 https://www.wienerzeitung.at/nachrichten/politik/oesterreich/2081324-Kurz-Werden-uns-von-Terroristen-nicht-einschuechtern-lassen.html

Wer, wie Van der Bellen selbst, bei solchen Angriffen auf unsere Gesellschaft und Demokratie nicht einmal bereit ist, Ross und Reiter, also den Feind beim Namen zu nennen und die Motive für solche Angriffe auszusprechen, hat die freie, demokratische Gesellschaft längst verraten, von solchen Politikern ist kein Widerstand, kein Einstehen für Demokratie und Freiheit zu erwarten.

Es reicht, an der von den Mainstreammedien geschaffenen liberalen, toleranten demokratischen Hochglanzoberfläche zu kratzen, um die darunterliegende linke, freiheitsfeindliche Ideologie offenzulegen. Van der Bellen ist kein Brückenbauer, kein Präsident für alle Menschen, kein Bürgerlicher, er ist immer ein Linker geblieben. Seine grüne Parteimitgliedschaft hat er, bevor er als Bundespräsident kandidiert hat, nur pro forma abgegeben. Korruption und Freunderlwirtschaft prangert er nur bei politischen Gegnern an, der Postenschacher und die Mauscheleien bei den Grünen ignoriert er hingegen konsequent, zumal er nach wie vor Teil des grünen Netzwerkes ist. So ist sein ehemaliger Wahlkampfmanager, Freund und Berater Lothar Lockl ein großer finanzieller Profiteur der grünen Regierungsbeteiligung.[93]

Innerhalb kürzester Zeit haben die Grünen jene Bereiche umgefärbt, auf die sie Zugriff bekommen haben. Davon hat auch Van der Bellens Gattin Doris Schmidauer profitiert, die jetzt im Aufsichtsrat des Burgtheaters sitzt. Die grünen Umfärbungen sehen weder Van der Bellen noch die Main-

---

93 *https://exxpress.at/lothar-lockl-casht-bei-klimaministerin-gewessler-ab-19-millionen-euro-fuer-pr/*

streammedien als problematisch an, für sie gilt: Grün-sein ist die beste Qualifikation für wirklich jede Position im Staat und seinem Umfeld.

Trotz dieser Widersprüche ist es Van der Bellen gelungen, sich als professoraler und umsichtiger Staatsmann, der die Interessen aller vertritt und mutig für Demokratie und Rechtsstaat kämpft, zu inszenieren. Das gelingt ihm deshalb, weil er mehr oder weniger die gesamte Medienlandschaft hinter sich weiß. Bei seinem ersten Präsidentschaftswahlkampf pfiffen fast alle Medien auf Äquidistanz und machten offen Werbung für Van der Bellen. So titelte etwa das Nachrichtenmagazin „Profil": *„Es kann nur einen geben – Warum Alexander Van der Bellen der richtige Bundespräsident wäre, eine Wahlempfehlung"*.[94]

Da macht es auch nichts, wenn der selbsternannte Brückenbauer immer wieder seine tolerante Maske fallen lässt und gegen jene hetzt, die politisch auf der andern Seite stehen. Im Wahlkampf 2016 sagte Van der Bellen bei einer Veranstaltung im Wiener Marx-Palast vor seinen Freunden, Fans und Sympathisanten:

> *„Wollen wir Österreich als ein Land sehen (...) das von Verschwörungen bedroht ist, in dem Ängste überwiegen, in dem alles furchtbar ist; meine Freunde sagen so eine Art Alpenmordor."*[95]

---

94 Profil, Dezember 2016, Nr. 49

95 https://www.derstandard.at/story/2000047618396/hofburgwahl-van-der-bellen-warnt-vor-alpen-mordor

Und dass er genau weiß, was er da als Staatsoberhaupt in spe vor großem Publikum sagt, fügt er hinzu: *„Jeder, der Herr der Ringe kennt, weiß was ich meine.*"[96]

Für jene, die „Herr der Ringe" und das Tolkien-Universum nicht kennen: Mordor ist das Reich des Bösen, beherrscht von einem teufelsähnlichen Wesen namens Sauron[97], dem „Abscheulichen", bewohnt wird das unwirtliche Land von Orks (orc ist altenglisch und bedeutet Dämon), das sind un- bzw. untermenschliche Kreaturen, böse, hässlich und geistig minderbemittelt, gezüchtet, um die freie Welt zu vernichten.

Würde FPÖ-Kandidat Norbert Hofer (Sauron?) die Wahl gewinnen, könnte sich Österreich in ein Land verwandeln, das von einem bösen Wesen beherrscht und von Orks (FPÖ-Wähler?) bewohnt wird. Van der Bellen selbst sieht sich in diesem Bild wohl als Gandalf. Den bei dieser Veranstaltung zahlreich anwesenden Van der Bellen-Sympathisanten hat dieser Vergleich gefallen, sie haben gelacht und gegrölt. Dieser zumindest angedeutete Vergleich von FPÖ-Sympathisanten mit Orks zeigt, wie abgrundtief der Hass und die Vorurteile gegen die Freiheitlichen bei Van der Bellen sitzen. Und es zeigt auch, wie lächerlich seine Inszenierung als toleranter Brückenauer ist, der ein Präsident für alle Menschen sein will, „die in Österreich leben". Mit Ausnahme von rund einem Drittel der Österreicher: *„Persönlich habe*

96 *https://www.derstandard.at/story/2000047618396/hofburgwahl-van-der-bellen-warnt-vor-alpen-mordor*

97 *https://en.wikipedia.org/wiki/Sauron*

ich seit langem die Hypothese, dass es in Österreich (...) rund dreißig Prozent potenzielle Wähler der extremen Rechten gibt (...)."[98] Bei der vergangenen Präsidentenwahl erreichte Van der Bellen bei der wiederholten Stichwahl knapp 54 Prozent, in Umfragen zur aktuellen Wahl (Stand Ende August 2022) liegt er teilweise bei deutlich über 60 Prozent. Das heißt, Van der Bellen schätzt den überwiegenden Teil der Österreicher, die ihn nicht wählen, als extreme Rechte bzw. „*potenzielle Wähler der extremen Rechten ein*", was mehr oder weniger dasselbe ist.

Dass der seinerzeitige Alpen-Mordor-Rülpser kein einmaliger Ausrutscher war, sondern die Dämonisierung des Gegners bei Van der Bellen System hat, belegen weitere Aussagen. Die FPÖ ist für ihn „*illiberal, autoritär, wenn nicht sogar totalitär, von der grundsätzlichen Anschauung her*".[99] Die Freiheitlichen seien „*skrupelloser*"[100] als andere Parteien, die FPÖ „*beschränkt sich auf die Bedienung primitivster Vorurteile*"[101] Van der Bellen hat den Freiheitlichen sogar ein ganzes Buchkapitel mit dem Titel „*Diktatur à la FPÖ*" gewidmet.

Die kritische Haltung der FPÖ und vieler Österreicher gegenüber der Masseneinwanderung aus dem Islamgürtel und Afrika beruht für Van der Bellen schlicht und einfach auf

98 *Van der Bellen 2015, Kapitel „Diktatur à la FPÖ"*

99 *Neuwirth 2001, Seite 105*

100 *Neuwirth 2001, Seite 102*

101 *Van der Bellen 2015, Kapitel „Der lange Schatten des Proporzes*

„*Hass*".[102] Das ist seine tiefschürfende Analyse, warum Menschen den Zustrom von Muslimen nach Europa ablehnen. „*Hass*" ist für ihn auch das Motiv von Islamisten, die Van der Bellen freilich nicht als solche bezeichnet. Er stellt mit dieser simplen Weltsicht Konservative und Rechte, die vor dem politischen Islam warnen, mit Dschihadisten und Islamisten auf eine Stufe, er unterstellt ihnen dasselbe schlichte Motiv, nämlich Hass. Der Alpen-Mordor-Vergleich scheint tatsächlich sein simples, dichotomes Weltbild widerzuspiegeln.

Das ist ein argumentativ sehr dünner Boden für die Entscheidungen und Einschätzungen eines Staatsoberhauptes. Van der Bellen wischt die Bedenken, Kritikpunkte und Ängste von zumindest einem Drittel der Bevölkerung trotz der aktuellen Entwicklungen und Faktenlage einfach so vom Tisch und steckt sie in die rechte Schublade, womit für ihn jede sachliche Auseinandersetzung beendet ist. Wer die „alternativlose" Politik der Grünen nicht teilt, ist ein böser (extremer) Rechter. Punkt. Ende der Diskussion. Deshalb sind auch alle Angebote zu Dialog und Verständigung scheinheilig.

Das ist auch der Grund, warum Van der Bellen und seinesgleichen alle Kollateralschäden und negativen Auswirkungen der von ihnen vertretenen Politik – Energiewende, Massenzuwanderung etc. – ignorieren, umdeuten und verleugnen. Als drei Afghanen, die als sogenannte Schutzsuchende nach Österreich gekommen sind, eine 13-jährige Schülerin aus Tulln getötet haben, gab Van der Bellen keine

102 Van der Bellen 2015, Kapitel „Diktatur a la FPÖ"

öffentlichen Betroffenheitsbekundungen ab. Das hat wohl damit zu tun, dass er sich seit langem gegen die Abschiebung von Afghanen einsetzt, auch in ganz konkreten Fällen.[103]

Van der Bellen ist nur Demokrat, wenn Linke die Wahlen gewinnen – wie sein Vorgehen in der Ibiza-Affäre gezeigt hat.[104] Er verurteilt Korruption und Freunderlwirtschaft nur, wenn sie den politischen Gegner betrifft. Er baut nur Brücken zu jenen, die seine Ansichten teilen und auf die er aus strategischen Gründen angewiesen ist. Er liebt seine Heimat und die Österreicher nur, wenn er ihre Stimmen für die nächste Wahl braucht. Meinungsfreiheit bedeutet für ihn: Alle dürfen meiner Meinung sein, alles andere ist Hass und Hetze.

Seine bürgerliche, liberale Fassade ist brüchig, doch sie erfüllt ihren Zweck. SPÖ, Grüne und Neos wollen ohnehin einen stramm-linken Präsidenten – deshalb unterstützen sie geschlossen ihn –, der aktiv daran mitwirkt, dass Regierungen ohne linke Beteiligung nur ein kurzes Leben haben, dass Linke nach ihrem Marsch durch die Institutionen nicht nur in der Gesellschaft den Ton angeben, sondern auch in der Regierung sitzen, also der tiefe und der offizielle Staat in linker Hand sind. Aus dieser linken Perspektive macht Van der Bellen einen guten Job. Dass die ÖVP einen ihrer mächtigs-

---

103 https://kurier.at/chronik/oesterreich/wie-drei-ordensschwestern-der-bundespraesident-und-schueler-eine-abschiebung-verhinderten/400698938

104 Siehe Kapitel XXX

ten Gegner unterstützt und keinen Gegenkandidaten aufstellt, ist eine politische Bankrotterklärung für diese ehemals bürgerliche Partei. Sein politisches Ziel hat Van der Bellen erreicht, wenn er eine lupenreine linke Regierung, also eine rot-grün-pinke oder noch besser eine rot-grüne Koalition angeloben kann. Nach geschlagener Wahl braucht Van der Bellen seine liberale, professorale Maske ohnehin nicht mehr, da eine weitere Amtsperiode für ihn ausgeschlossen ist. Deshalb kann er am Ende seiner politischen Laufbahn wieder ganz der Sozialist und „*dogmatische Antikapitalist*" sein, der er immer war, ohne sich verstellen zu müssen.

Oberbefehlshaber wider Willen.
Van der Bellens schwieriges Verhältnis zu Neutralität und Landesverteidigung

Mit seiner Angelobung als Bundespräsident am 26. Jänner 2017 wurde Alexander Van der Bellen auch, wie es die Verfassung vorsieht, Oberbefehlshaber des Österreichischen Bundesheeres. Angesichts der Positionen, die er in seiner Zeit als Grüner Abgeordneter vertrat, mutet diese Entwicklung wie eine Ironie des Schicksals an. Zwar begegnete Van der Bellen dem österreichischen Militär als Bundespräsident mit mehr Verständnis und Respekt als davor, so richtig „warm" wurde er mit dem Soldatentum allerdings nie – selbst nicht in diesen Tagen, wo angesichts des Kriegs in der Ukraine ein einsatzfähiges Bundesheer wieder von praktisch allen politischen Parteien gefordert wird – auch von jenen, die an dessen Demontage in den letzten Jahren und Jahrzehnten großen Anteil hatten.

Von der Friedens- zur Kriegsbewegung

Vor rund 30 Jahren, als Alexander Van der Bellen die politische Bühne betrat, waren die Grünen durchsetzt von naivem Friedensdenken und glaubten, wenn nur alle Heere abgeschafft und alle Rüstungsbetriebe stillgelegt würden, werde sich der Weltfriede von selbst einstellen. Im Kern sind manche bis heute dieser Ansicht treu geblieben, während andere durchaus Kriege befürworten, insbesondere wenn es um den bewaffneten Export der eigenen Werte in andere, möglichst ferne Regionen geht.

Just die deutschen Grünen waren hier Dammbrecher. In einer Regierungskoalition mit der SPD stimmten sie sowohl für die deutsche Beteiligung am NATO-Angriff auf Serbien im Jahr 1999 als auch 2001 für die Entsendung deutscher Soldaten ins Kriegsgebiet nach Afghanistan. Flogen 1999 noch faule Eier und Farbbeutel auf die Kriegs-Befürworter unter den Parteitagsdelegierten, unter ihnen der damalige Außenminister Joschka Fischer, wie das einstige DDR-Zentralorgan „Neues Deutschland" nicht ohne Häme vermerkt,[105] so ist das Bekenntnis zu militärischen Einsätzen im Ausland mittlerweile sogar Bestandteil des im November 2020 beschlossenen und damit aktuellen Grundsatzprogramms von „Bündnis 90/Die Grünen". Im Punkt „Globale Sicherheit" heißt es:

> *Bewaffnete Einsätze der Bundeswehr im Ausland sind in ein System gegenseitiger kollektiver Sicherheit, das heißt nicht in verfassungswidrige Koalitionen der Willigen, und in ein politisches Gesamtkonzept, basierend auf dem Grundgesetz und dem Völkerrecht, einzubetten. Bei Eingriffen in die Souveränität eines Staates oder dort, wo staatliche Souveränität fehlt, braucht es ein Mandat der Vereinten Nationen. Wenn das Vetorecht im Sicherheits-*

---

105 *https://www.nd-aktuell.de/artikel/1128724.die-gruenen-es-war-einmal-eine-friedenspartei.html*

rat missbraucht wird, um schwerste Verbrechen gegen die Menschlichkeit zu decken, steht die Weltgemeinschaft vor einem Dilemma, weil Nichthandeln genauso Menschenrechte und Völkerrecht schädigt wie Handeln.[106]

Ein Widerspruch zur selbst vorgelebten Praxis, denn wenn die Zustimmung des UN-Sicherheitsrats fehlt und die NATO – wie damals in Jugoslawien – trotzdem eingreift, dann kann dies erneut nur im Rahmen einer Allianz sein, welche von den Grünen als „verfassungswidrige Koalition der Willigen" kritisiert wird.

Österreichs Sonderstatus der immerwährenden Neutralität

In Österreich stellt sich die Frage der militärischen Intervention im Ausland, in der sich die deutschen Grünen in kürzester Zeit von der Friedens- zur Kriegspartei gewandelt haben, nicht in der Vehemenz, bildet hierzulande doch anstelle der NATO-Mitgliedschaft die immerwährende Neutralität den zentralen Orientierungspunkt. Artikel 1 des Bundesverfassungsgesetzes vom 26. Oktober 1955 über die Neutralität Österreichs lautet:

(1) Zum Zwecke der dauernden Behauptung seiner Unabhängigkeit nach außen und zum Zwecke der Unverletzlichkeit seines Gebietes erklärt Österreich aus freien Stü-

106 *https://cms.gruene.de/uploads/documents/20200125_Grundsatzprogramm.pdf, S. 103*

cken seine immerwährende Neutralität. Österreich wird diese mit allen ihm zu Gebote stehenden Mitteln aufrechterhalten und verteidigen.

(2) Österreich wird zur Sicherung dieser Zwecke in aller Zukunft keinen militärischen Bündnissen beitreten und die Errichtung militärischer Stützpunkte fremder Staaten auf seinem Gebiete nicht zulassen.[107]

Die im Moskauer Memorandum im April 1955 von den Spitzen der damaligen österreichischen Bundesregierung eingegangene politische Verpflichtung, Österreich nach Ende der alliierten Besatzung militärisch neutral zu positionieren, war von sowjetischer Seite die Voraussetzung für den Abschluss des Staatsvertrags am 15. Mai 1955.

Neutralität erfordert umfassende Landesverteidigung

In Verbindung mit Artikel 9a Absatz 1 des Bundes-Verfassungsgesetzes,[108] wonach es Aufgabe der umfassenden Landesverteidigung ist, „die Unabhängigkeit nach außen sowie die Unverletzlichkeit und Einheit des Bundesgebietes zu bewahren", ergeben sich zwei wesentliche Pflichten: einerseits ein starkes und einsatzfähiges Heer zu unterhalten, anderseits militärische Bündnisse im Sinne der Neutralität zu

107 *https://www.ris.bka.gv.at/GeltendeFassung.wxe?Abfrage=Bundesnormen&Gesetzesnummer=10000267*

108 *https://www.ris.bka.gv.at/eli/bgbl/1930/1/A9a/NOR40068035*

meiden. Beide Säulen wurden von den Grünen – auch von Alexander Van der Bellen als Bundessprecher und Klubobmann – immer wieder in Frage gestellt.

1998 schlug Van der Bellen in einem Interview mit dem Nachrichtenmagazin „Format“ vor, das österreichische Bundesheer dem Kommando der Vereinten Nationen zu unterstellen und personell massiv zu reduzieren. „Dafür würde es reichen, die Friedensstärke des Bundesheers von aktuell 55.000 Mann innerhalb von fünf bis zehn Jahren zu halbieren.“[109] Am 25. Juni 1999 ging Van der Bellen – bereits Bundessprecher seiner Partei und kurz vor der Übernahme der Klubobmannschaft stehend – noch weiter. Ein „auf 12.000 bis 13.000 Mann reduziertes Bundesheer“[110] solle künftig zu gleichen Teilen aus freiwilliger Miliz, Zeit- und Berufssoldaten bestehen. Mit ausgesprochen wurde die Forderung, die allgemeine Wehrpflicht abzuschaffen. Den damals auch von Grundwehrdienern besorgten Schutz der Grenzen vor illegaler Einwanderung sollten nach Ansicht Van der Bellens freiwillige Milzsoldaten übernehmen. Von den seiner Rechnung nach verbleibenden ca. 8.000 Berufs- und Zeitsoldaten wollte er großzügig 3.500 Mann ständig für Einsätze der Vereinten Nationen abstellen.

---

109 *https://www.ots.at/presseaussendung/OTS_19981114_OTS0029/van-der-bellen-fordert-halbierung-der-staerke-des-bundesheers*

110 *https://www.wienerzeitung.at/nachrichten/politik/oesterreich/367401_Grue-nes-Heeres-Modell.html*

Abschaffung des Heeres für Van der Bellen „legitime Position"

Damit nicht genug, legte Van der Bellen schon einen Tag später im ORF-Sommergespräch nach und erklärte gar die Forderung nach einer kompletten Abschaffung des Bundesheeres zu einer „legitime[n] Position, über die man reden kann".[111] Vor diesem Hintergrund überrascht es nicht, dass die Grünen selbst schon bald das von ihnen präsentierte Programm einer Reduktion auf rund 12.000 Mann für nicht weitgehend genug erachteten. Aus dem Erstellungskonzept eines neuen Heereskonzepts plauderte Van der Bellen im August 2001 aus: „Ich habe wenig Zweifel, dass wir für die Abschaffung eintreten."[112]

Von der verfassungsgemäßen Pflicht zur Bewahrung der Unverletzlichkeit des Bundesgebiets hatten sich die Grünen mit solchen Wortspenden also gedanklich bereits längst verabschiedet. Van der Bellens damalige Stellvertreterin Eva Glawischnig kreierte dafür in einer ORF-Pressestunde im September 2002 den Begriff der „unbewaffneten Neutralität"[113] und wies einem von ihr geforderten Berufsheer einzig den Katastrophenschutz als Aufgabe zu. Doch selbst diesen würde das Österreichische Bundesheer nicht allein bewältigen können. „Österreich soll viel mehr mit den Nachbarländern zivile Abkommen über die zivile Hilfe im Katastrophenfall

111 *https://www.wienerzeitung.at/nachrichten/politik/oesterreich/365689_Die-Gruenen-zeigen-Gestaltungswillen.html*

112 *Die Presse, 24.08.2001*

113 *https://www.derstandard.at/story/1086237/schwarz-gruen-schwer-vorstellbar*

abschließen. Das ist eine intelligente Politik", hatte Van der Bellen bereits 1999 betont und sich damit gegen eine „überdimensionierte Hubschrauberflotte" für den Einsatz im Katastrophenfall ausgesprochen.[114]

Neutralität nur ein „Faustpfand" bis zur Schaffung einer EU-Armee

Abgesehen davon, dass eine „unbewaffnete Neutralität" dem Zweck der 1955 beschlossenen Neutralität in keiner Weise gerecht werden kann, attackierten die Grünen auch dieses sicherheitspolitische Dogma immer wieder. Im November 2002 äußerte sich Van der Bellen zu einem Vorschlag seines Parteikollegen und EU-Abgeordneten Johannes Voggenhuber, die Neutralität zugunsten einer EU-Beistandspflicht aufzugeben, noch zurückhaltend, sah darin aber einen „wichtigen Input und wichtigen Diskussionsbeitrag". Schon damals qualifizierte Van der Bellen die Neutralität nur noch als „Faustpfand", bis eine europäische Verteidigungsstruktur entstanden sei.

Auch einen ähnlichen Vorstoß seines damaligen Wehrsprechers Peter Pilz kommentierte Van der Bellen im Jahr 2003 durchaus positiv. Es handle sich um eine „innovative Idee, auch wenn das nicht der Parteilinie entspricht". Und Van der Bellen versicherte schon damals, dass bei den Grünen das Ziel einer gemeinschaftlichen Verteidigungspolitik in der EU von allen geteilt werde. Diese gemeinsame Vertei-

---

114 APA-OTS vom 2.3.1999, nicht mehr online verfügbar

digungspolitik verklärte Van der Bellen gar zum „Schlussstein der Architektur Europas“ und sah die Abschaffung der Neutralität Österreichs im Wege einer Volksabstimmung als ihre logische Folge: „Natürlich, so ist das, wenn sich die EU zu einem derartigen demokratischen Friedensprojekt entwickelt.“ Dann wäre die Neutralität, „wie sie seinerzeit konzipiert war, überflüssig geworden“.

Die von Voggenhuber und Pilz losgetretene, aber auch von Van der Bellen massiv befeuerte Neutralitätsdebatte beschäftigte die Grünen in den ersten fünf Jahren des neuen Jahrtausends immer wieder. Van der Bellen musste sich wiederholt in Interviews dazu erklären, blieb seiner Linie einer Abschaffung in mehr oder weniger ferner Zukunft jedoch treu. 2004 formulierte er schließlich die entscheidende Bedingung: eine demokratisch legitimierte gemeinsame europäische Außen-, Sicherheits- und Verteidigungspolitik, „heißt [...] auch ein gemeinsames europäisches Militär“. – „Dann wird sich die Frage stellen, ob die Aufteilung in Neutrale und Nato-Mitglieder obsolet wird“, setzte Van der Bellen nach. [115]

EU-Mitglieder fast zur Gänze bei der NATO

Im Laufe der Jahre nahm das, wovon Van der Bellens Grüne damals noch träumten, immer mehr Gestalt an. Wenn der

---

115 *https://www.derstandard.at/story/1855175/van-der-bellen-stellt-bedingungen-fuer-abschaffung*

Aufnahmeprozess, der im Gefolge des Kriegs in der Ukraine von der Neutralität abgegangenen skandinavischen Staaten Finnland und Schweden abgeschlossen sein wird, werden 23 von 27 EU-Mitgliedstaaten zugleich Mitglieder der NATO sein. Die einzigen Ausnahmen bilden dann neben Österreich drei weitere militärische Leichtgewichte: Irland, Zypern und Malta. Ebenso konkrete Formen angenommen hat die von den Grünen herbeigesehnte gemeinsame europäische Verteidigungspolitik. Insbesondere durch die Mitwirkung Österreichs an der EU-Eingreiftruppe ist eine militärische Beistandspflicht nach Meinung vieler Experten faktisch auch für Österreich gegeben. Eine teilweise Abkehr von der Neutralität stellt zudem die Beteiligung Österreichs an den Petersberg-Aufgaben dar, die auch „Kampfeinsätze bei der Krisenbewältigung einschließlich friedensschaffender Maßnahmen" beinhalten.[116]

Alexander Van der Bellens persönliche Einstellung zu Bundesheer und Neutralität war insbesondere dann wieder interessant, als er von den Grünen zum Kandidaten für die Bundespräsidentschaft erkoren wurde. Eine erste Duftmarke setzte er dabei im Februar 2016 im Hearing der NEOS, wo er mit der Forderung nach einer Abschaffung der Wehrpflicht – diesmal wohlgemerkt nach einem klaren Bekenntnis der Bürger dazu in einer Volksbefragung im Jahr 2013 – eine altbekannte Position bezog.[117]

---

116 https://de.wikipedia.org/wiki/Petersberg-Aufgaben

117 https://www.sn.at/politik/innenpolitik/van-der-bellen-wurde-auf-neos-tauglichkeit-geprueft-1718533

Kehrtwende im Finale des Bundespräsidentenwahlkampfs

Nachdem er sich im Wahlkampf bei publikumsträchtigen Veranstaltungen des Heeres wie der „Airpower" in Zeltweg[118] und der Leistungsschau am Nationalfeiertag am Heldenplatz[119] getummelt hatte, legte Van der Bellen drei Tage vor der Wiederholung der Stichwahl – konkret am 1. Dezember – in einem schriftlichen Interview mit der „Austria Presse-Agentur" zu außen- und sicherheitspolitischen Themen eine bemerkenswerte Kehrtwende hin und sprach sich sowohl für die Beibehaltung der Neutralität als auch gegen die Beteiligung an einer EU-Armee aus:

> *„Eine Stärkung der gemeinsamen Außenpolitik in Europa ist ein Gebot der Stunde. Ein Mehr an Zusammenarbeit und eine verstärkte Abstimmung der Streitkräfte in Europa ist dann sinnvoll, wenn Friedenserhaltung dabei die höchste Priorität hat. Selbstverständlich muss die Beibehaltung der österreichischen Neutralität, eines Eckpfeilers des Selbstverständnisses unserer Nation, sichergestellt sein. Mit einer Eingliederung des Bundesheeres in eine EU-Armee ist dies nicht vereinbar."* [120]

---

118 *https://steiermark.orf.at/v2/news/stories/2794644/index.html*

119 *https://www.heute.at/s/van-der-bellen-gelobte-neffen-am-heldenplatz-an-12953101*

120 *https://kurier.at/politik/inland/bundespraesidentenwahl/bundespraesidentenwahl-wie-hofer-und-van-der-bellen-ihre-aussenpolitik-anlegen-wuerden/233.599.813*

Geradezu als Schutzpatron des Heeres inszenierte sich Van der Bellen nach seiner Wahl zum Bundespräsidenten und rund zwei Wochen vor seiner Angelobung anlässlich eines Treffens mit dem ehemaligen Verteidigungsminister Hans Peter Doskozil (SPÖ). Er werde seine Rolle als Oberbefehlshaber des Militärs „sehr ernst nehmen“ und sehe sich als „Schirmherr und Unterstützer des Bundesheeres“, sagte Van der Bellen im Anschluss an den Gesprächstermin.[121] Und auch in seiner Rede zum Amtsantritt würdigte Van der Bellen das Bundesheer und streute ihm Rosen. Er freute sich insbesondere darüber,

> *„dass die Reputation und das Ansehen des Bundesheeres im Lauf der Jahre und gerade in letzter Zeit deutlich angestiegen ist. Ich bin überzeugt, dass diese positive Entwicklung nicht zufällig ist, sondern auf der hohen Professionalität, dem persönlichen Engagement der Soldatinnen und Soldaten beruht, diesem Engagement, das sie schon oft bei internationalen Auslandseinsätzen und der unmittelbaren Unterstützung der Bevölkerung nach Naturkatastrophen unter Beweis gestellt haben.“* [122]

---

121 *https://www.kleinezeitung.at/wirtschaft/5153062/Van-der-Bellen-will-Rolle-als-Oberbefehlshaber-sehr-ernst-nehmen*

122 *https://www.sn.at/politik/innenpolitik/die-rede-von-bundespraesident-van-der-bellen-im-wortlaut-493381*

ÖVP will Oberbefehlshaber Van der Bellen stärken

Offensichtlich angetan von Van der Bellens Bekenntnis zur Landesverteidigung schlug der damalige ÖVP-Klubobmann Reinhold Lopatka im Februar 2017 vor, die Rolle des Bundespräsidenten als Oberbefehlshaber des Heeres zu stärken und ihm bei Gesetzen, welche diesen Bereich berühren, neben der Beurkundung des verfassungsgemäßen Zustandekommens auch ein inhaltliches Prüfrecht zuzugestehen.[123] Lopatka dürfte damals nicht geläufig gewesen sein, dass Van der Bellen – zumindest gemäß seinen früheren Aussagen – mit dem Oberbefehl über das Bundesheer keine rechte Freude hatte. Schon im März 1998 war er dafür eingetreten, den Oberbefehl der Regierung zu übertragen.

Seine neue Liebe zum Bundesheer untermauerte Van der Bellen in einem APA-Interview ein Jahr nach seiner Wahl. Truppenbesuche nannte er dabei gar ein „Highlight" seines ersten Jahres als Präsident und zeigte sich zufrieden, dass zusätzliche Investitionen für das Bundesheer außer Streit stünden.[124] Dass dies insbesondere unter der damals noch amtierenden rot-schwarzen Regierung offenbar alles andere als garantiert war, fiel Van der Bellen jedoch erst zu Zeiten der türkis-blauen Nachfolge-Regierung auf. Im Juli 2018 ortete er „vollkommen erschöpfte Kapazitäten" und einen

123 *https://www.vienna.at/bundespraesident-lopatka-will-rolle-als-bundesheer-oberbefehlshaber-staerken/5146943*

124 *https://www.bundespraesident.at/aktuelles/detail/positive-bilanz-vor-dem-jahrestag-der-wahl-am-4-dezember*

„massiven Investitionsstau".[125] Dabei erteilte er den Plänen des damaligen Kanzlers Sebastian Kurz, sich im Rahmen eines letztlich nie zustande gekommenen UN-Mandats in der Ukraine zu engagieren, eine scharfe Absage.

Klage über nicht verfassungskonformen Zustand des Heeres

Noch deutlicher wurde der Bundespräsident in seinem „Tagesbefehl" zum Jahreswechsel 2018/19, in dem er aufgrund der mangelnden Finanzierung einen nicht verfassungskonformen Zustand des Heeres ortete und ein großes Versprechen abgab:

> *„Das Jahr 2019 wird entscheidend für das österreichische Bundesheer und seine künftige Einsatzbereitschaft sein. Ich werde daher bei den diesbezüglichen Budgetverhandlungen ein wachsames Auge auf die Wiederherstellung eines verfassungskonformen Zustandes des Bundesheeres haben."* [126]

Der damalige Verteidigungsminister Mario Kunasek (FPÖ) sah den Präsidenten aufgrund seiner aufrüttelnden Worte gar als „Mitstreiter".[127] Tatsächlich arbeitete Van der Bellen aber zunächst an einer weiteren Schwächung der Truppe,

---

125 *https://www.oe24.at/oesterreich/politik/vdb-bundesheer-hat-vollkommen-erschoepfte-kapazitaeten/341585064*

126 *https://www.bundesheer.at/cms/artikel.php?ID=9828*

127 *https://www.tt.com/artikel/15154806/bundesheer-kunasek-sieht-van-der-bellen-als-mitstreiter*

indem er Mitglieder der „Identitären Bewegung" die Berechtigung absprach, Soldaten zu sein.[128]

Das Ende der türkis-blauen Bundesregierung nach der „Ibiza-Affäre" beförderte den einstigen Adjutanten Van der Bellens, Thomas Starlinger, als Verteidigungsminister in die Übergangsregierung unter Kanzlerin Brigitte Bierlein. Viele sahen in ihm den grünen Beitrag zu diesem vornehmlich aus Beamten zusammengesetzten Kabinett.

Laut im Wahlkampf, leise unter Schwarz-Grün

Im Nationalratswahlkampf 2019 und während der anschließenden Koalitionsverhandlungen erneuerte der Bundespräsident die Forderung nach mehr Geld fürs Bundesheer als eine seiner obersten Prioritäten. Dies hinderte ihn freilich nicht daran, im Jänner 2020 eine Regierung aus just jenen beiden Parteien anzugeloben, die in den Jahren davor am wenigsten Affinität zum Bundesheer gezeigt hatten: die ÖVP des Sebastian Kurz und seine eigenen Grünen. Wenig überraschend wurden im Mai 2020 Umstrukturierungspläne der neuen Verteidigungsministerin Klaudia Tanner (ÖVP) bekannt, die nach Einschätzung der Opposition einen massiven Kahlschlag sowohl in personeller und finanzieller Hinsicht als auch beim Gerät bedeutet hätten.[129] Nach einem Gespräch Tanners mit dem Bundespräsidenten wurde das Konzept

---

128 *https://www.tt.com/artikel/15509228/identitaere-van-der-bellen-sieht-keinen-platz-im-bundesheer*

129 *https://orf.at/stories/3171207/*

„entschärft". Eines öffentlichen Kommentars zu den völlig überfallsartig in Umlauf gebrachten Plänen enthielt sich Van der Bellen jedoch und entzauberte damit selbst seine noch unter Türkis-Blau geäußerten flammenden Appelle für mehr Geld fürs Heer als populistischen Theaterdonner.

Schweigen zum Missbrauch der Miliz als Corona-Hilfstruppe

Ebenso schwieg der Präsident, als Tanner Grundwehrdiener – teilweise über ihren vereinbaren Abrüstungstermin hinaus – zum Regalschlichten in Supermärkten einteilte, um den plötzlichen Ansturm insbesondere auf Toilettenpapier bei Ausbruch der Corona-Krankheit abzufangen. Selbst als die Verteidigungsministerin im Mai 3.000 Milizsoldaten einberufen ließ – die erste Teilmobilmachung der Miliz in der Geschichte der Zweiten Republik – kam Van der Bellen kein Sterbenswörtchen über die Lippen. Nachdem sich das beunruhigende Gerücht, die Soldaten sollten die Hauptstadt Wien abriegeln, nicht bewahrheitet hatte, wusste am Ende niemand, wozu die Miliz überhaupt gebraucht würde. Eingezogene Soldaten berichteten gegenüber verschiedenen Medien von chronischer Unterbeschäftigung und Langeweile. Selbst aus der in Sachen Corona zumeist im Windschatten der Regierung segelnden SPÖ gab es Kritik. Der Tiroler Parteivorsitzende Georg Dornauer kritisierte, dass der Milizeinsatz „nur der Aufrechterhaltung einer Katastropheninszenierung der Bundesregierung" diene und das ohnehin ausgehungerte Bundesheer „für einen türkisen PR-Gag missbraucht" werde.[130]

---

130 *https://www.wienerzeitung.at/nachrichten/politik/oesterreich/2061708-SPOe-stellt-Corona-Milizeinsatz-infrage.html*

Danach wurde es wieder einmal still um das Bundesheer. Ins Zentrum des Interesses rückte sein maroder Zustand erst wieder nach Beginn des Kriegs in der Ukraine. Van der Bellen begrüßte sogleich die plötzlichen Geldversprechen genau jener Regierung, die das Bundesheer kaum zwei Jahre davor noch völlig demontieren wollte – und betonte auch die „guten Erfahrungen", die Österreich mit der Neutralität gemacht habe.[131] Im Hintergrund dürfte die Harmonie aber nicht in dem Ausmaß gegeben gewesen sein. Zumindest Thomas Starlinger, nun wieder Adjutant des Bundespräsidenten, setzte sich gegen neuerliche Reformpläne Tanners zur Wehr und erzwang seine eigene Einbindung in den Prozess.[132] Am Beschluss der Reform, die sich hauptsächlich auf die Zentralstelle im Verteidigungsministerium bezieht, am 8. April durch den Ministerrat änderte dies nichts.[133]

Respekt und Mäßigung – oder bloße Heuchelei?

Van der Bellens Äußerungen während seiner Amtszeit als Bundespräsident klingen gegenüber dem einstigen Grünpolitiker Van der Bellen gemäßigt und lassen sowohl dem Bundesheer als auch der Neutralität gegenüber den nötigen Respekt vermuten. Dies gilt selbst dann, wenn man erken-

---

131 *https://www.kleinezeitung.at/politik/aussenpolitik/ukraine/6107136/Van-der-Bellen-im-ORF_Zuversichtlich-dass-wir-diesen-Konflikt*

132 *https://orf.at/stories/3252035/*

133 *https://www.bundeskanzleramt.gv.at/dam/jcr:f09a285c-f736-45e3-bcef-ec2804fd9a86/13a_1.pdf*

nen muss, dass die Forderung des Bundespräsidenten nach mehr Budget fürs Heer nie mit besonderem Nachdruck verfolgt wurde – schon gar nicht dann, wenn Van der Bellens Grüne als Regierungspartner für die fortgesetzte Aushungerung und Demontage des Heeres mitverantwortlich zeichnen. Doch auch die Worte selbst sind zu hinterfragen, werden sie doch – gerade in letzter Zeit – von verbalen Ausrutschern Van der Bellens konterkariert, die einen Rückfall in alte Zeiten vermuten lassen. Dass er ausgerechnet im Gespräch mit dem ukrainischen Präsidenten Wolodymyr Selenskyj laut offizieller Darstellung der Präsidentschaftskanzlei eingestand, dass Österreich „auch selbst kaum ein nennenswert ausgerüstetes Bundesheer" habe,[134] sorgte für harsche Oppositionskritik, mag aber noch als unglückliche Aussage im Geiste der von ihm geforderten besseren Ausrüstung des Heeres durchgehen.

Wesentlich schwerer wiegt hier das bestenfalls lauwarme Bekenntnis zur Neutralität, das er in dem mittlerweile berüchtigten Interview in der „ZIB2" des ORF anlässlich der Bekanntgabe seiner Wiederkandidatur am 23. Mai 2022 abgab und in dem er eine von Bundeskanzler Karl Nehammer (ÖVP) losgetretene Debatte – Stichwort von den Sowjet-Kommunisten aufgezwungene Neutralität[135] – für zulässig erklärte, während der Kanzler – getrieben von klar ableh-

---

134 *https://www.bundespraesident.at/aktuelles/detail/4gamechangers-festival-2022*

135 *https://www.info-direkt.eu/2022/02/27/nehammer-neutralitaet-wurde-uns-von-sowjetkommunisten-aufgezwungen/*

nenden Umfragewerten zu seinem Vorstoß – gerade versuchte, die Debatte für beendet zu erklären. Van der Bellens Antwort auf die entsprechende Frage von Martin Thür sei hier aufgrund der mannigfachen Selbstentlarvung des Präsidenten vor allem in Bezug auf seine früheren Aussagen, zur Gänze wiedergegeben:

> *„Diskutieren kann man immer über alles und ich bin der letzte, der sich einer Diskussion verweigert. Ich füge aber hinzu, ich gehöre einer Generation an, die mit der Neutralität aufgewachsen ist, ich kann mich erinnern, ich war elf Jahre alt, als der Staatsvertrag in Kraft tritt und die entsprechende Neutralität, das entsprechende Neutralitätsgesetz, und wir sind über viele Jahrzehnte sehr gut damit gefahren. Wien ist eine der vier wesentlichen UNO-Hauptquartiere, es ist kein Zufall, dass in Wien, als neutraler Stadt, wenn man so will, die Verhandlungen über den JCPOA, das ist der Atom-Vertrag mit dem Iran, laufen. Allerdings füge ich hinzu, allerdings haben wir wenigstens zwei Punkte, die aus dem Neutralitätsgesetz auch folgern würden, nicht ernst genommen über die Jahrzehnte, das ist die umfassende Landesverteidigung und seit fünf Jahren fordere ich die Politik regelmäßig auf, mehr für das Bundesheer zu tun, wo es einen gewaltigen Investitionsbedarf gibt. Und zweitens finde ich, die Neutralität lebt dann besonders gut und ist gut nach außen zu vertreten, wenn auch die Diplomatie entsprechend ausgestattet ist. Und wir haben sträflich über die Jahre das Budget des Außenministeriums vernachlässigt. Das heißt, in der aktuellen Situation verstehe ich das Bedürfnis über Neu-*

tralität zu diskutieren, gerne, jederzeit, ich glaube, dass die Situation Österreichs sich von der von Finnland oder Schweden deutlich unterscheidet, aber wir müssen unsere eigenen Maßnahmen treffen im Bereich der Ausrüstung, nicht Aufrüstung, sondern Ausrüstung des Bundesheeres und einer besseren Ausgestaltung, einer großzügigeren Ausstattung des Außenministeriums.“ [136]

Im Kern sagt Van der Bellen also, die Neutralität sei deshalb unter Druck, weil die im Bundes-Verfassungsgesetz normierte umfassende Landesverteidigung nicht mit entsprechenden finanziellen Mitteln unterfüttert und damit sichergestellt sei – und weil das Außenministerium und damit die Diplomatie nicht über ausreichend Geld verfüge. Die Frage, ob Investitionen in das diplomatische Corps die gewünschten Früchte tragen können, wenn anstelle von Staatsmännern wie Figl und Kreisky biedere Polit-Handwerker wie Nehammer oder Schallenberg auf dem internationalen Parkett auftanzen, sei hier nur am Rande aufgeworfen. Wenn wir uns jedoch die von den Grünen unter Alexander Van der Bellen erhobene Forderungen nach einer Schrumpfung des Heeres auf 12.000 Mann inklusive Miliz, die Diskussionsbereitschaft über eine völlige Abschaffung des Bundesheeres oder den unsäglichen Begriff der „umfassenden Neutralität“ vor Augen führen, wird das gesamte Ausmaß der Heuchelei sichtbar, die Van der Bellen seit seiner Wahl zum Bundespräsidenten an den Tag legt.

---

136 https://youtu.be/sWK89FopCd8

Dirty Campaigning hat einen Namen: Alexander Van der Bellen.

Der schmutzige Wahlkampf 2016

Wenn in Österreich von schmutzigem Wahlkampf, von sogenanntem „Dirty Campaigning“, die Rede ist, fällt zumeist der Name Tal Silberstein. Der israelische Politikberater war in Österreich wiederholt für die SPÖ tätig, unter anderem im Nationalratswahlkampf 2017, als die „Silberstein-Affäre“ aufflog. Auf seine Initiative hin sollen mehrere Facebook-Seiten betrieben worden sein, die sich mit dem Hauptkonkurrenten der SPÖ, dem damals neu ins Amt gekommenen ÖVP-Obmann Sebastian Kurz, auseinandersetzten. Die Seite „Wir für Sebastian Kurz“ war als Fanklub getarnt und fiel durch besonders frenetische Unterstützung des ÖVP-Chefs auf, durch die weniger überzeugte potentielle ÖVP-Wähler abgeschreckt werden sollten. Die Seite „Die Wahrheit über Sebastian Kurz“ hingegen setzte sich kritisch mit Positionen und Kontakten des aufstrebenden Politikers auseinander. Insbesondere seine als Integrations-Staatssekretär geäußerten positiven Aussagen über die Rolle des Islam und die Bedeutung von Zuwanderern für Österreich wurden thematisiert, aber auch seine Nähe zu internationalen Strippenziehern wie George Soros.[137] Die Wirkung der beiden Seiten war begrenzt. Richtige Aufmerksamkeit erlangten sie erst, als es der ÖVP über ihr nahestehende Journalisten in

---

137 https://www.unzensuriert.at/content/0024903-ist-sebastian-kurz-von-soros-finanziert/

„Presse"[138] und „Profil"[139] gelang, Silberstein der Urheberschaft dieser Seiten zu überführen. Seither fühlen sich Spitzenpolitiker der ÖVP bei jedem schmerzhaften politischen Angriff auf die eigene Partei an „Silberstein-Methoden" erinnert und versuchen so, „Dirty Campaigning" ausschließlich im SPÖ-Sektor zu verorten. Häufig steckt wohl auch das Interesse dahinter, von eigenen schmutzigen Manövern abzulenken.

VdB-Kampagne 2016 als Paradebeispiel für „Dirty Campaigning"

Im Rückblick auf die letzten Jahre erscheint es geradezu bizarr, dass die Methode des „Dirty Campaignings" just im Jahr 2017 entdeckt und medial thematisiert wurde. Denn tatsächlich hätten sich ein Jahr davor – im vergangenen Bundespräsidentschaftswahlkampf 2016 – viel lohnendere Anlässe dafür geboten. Die Kampagne des Alexander Van der Bellen war geradezu ein Paradebeispiel für schmutzigen Wahlkampf. Doch angesichts der gegenüber der FPÖ und ihrem Kandidaten Norbert Hofer dicht geschlossenen Reihen sowohl in der politischen als auch in der medialen Landschaft war die Thematisierung dieser schmutzigen Tricks Tabu. Der Kandidat des Establishments, der Van der Bellen spätestens nach dem Ausscheiden der roten und schwarzen Anwärter Rudolf Hundstorfer und Andreas Khol

---

138 *https://www.diepresse.com/5294429/tal-silberstein-und-die-wahrheit-ueber-die-schmutzkuebel-kampagnen-der-spoe*

139 *https://www.profil.at/oesterreich/wahrheit-kurz-spoe-8342070*

in der ersten Runde war, musste natürlich moralisch unbefleckt und charakterlich supersauber zum Sieg getragen werden. Bis zur ersten Runde der Wahl am 24. April 2016 verlief der Wahlkampf im Großen und Ganzen fair. Insbesondere die zu Beginn veröffentlichten Umfragen, die den FPÖ-Kandidaten Norbert Hofer noch im einstelligen Bereich sahen, gaben dem polit-medialen Establishment kaum Anlass zur Sorge. Der ehemalige grüne Bundessprecher Alexander Van der Bellen war zweifellos in der Favoritenrolle. Ob er sich um den Sieg mit einem SPÖ-Minister oder einem ÖVP-Altpolitiker duellieren würde oder vielleicht doch mit der späteren NEOS-Abgeordneten Irmgard Griss, die ihre kurzfristige mediale Popularität als Leiterin der Untersuchungskommission zu den Vorgängen in der Hypo Alpe Adria Bank für eine „unabhängige" Kandidatur nutzte, was würde das für eine Rolle spielen? Die Positionen aller vier Kandidaten waren weitgehend austauschbar. Doch es kam anders: Norbert Hofer gewann die erste Runde überraschend – und vor allem überraschend deutlich – mit einem Stimmenanteil von 35,05 Prozent. Dahinter landeten die Lieblinge der Medien – Van der Bellen und Griss – und erst im abgeschlagenen Feld die Kandidaten der damals maximal unpopulären „großen" Koalition aus SPÖ und ÖVP. Hofer fand sich plötzlich in der Favoritenrolle wieder.

„Scheibenwischer-Eklat" und „Tempelberg-Affäre"

In den nur vier Wochen bis zur Stichwahl Hofer – Van der Bellen befand sich das Establishment in einer Art Schockstarre und war kurzfristig nicht in der Lage, der weiterhin glänzend laufenden Kampagne Hofers nennenswerten Widerstand zu leisten. „Dirty Campaigning" seitens des verbliebenen Mitbewerbers war Fehlanzeige, eher war Verzweiflung zu beobachten. In einem unmoderierten TV-Duell zwischen den beiden im Privatsender „ATV" lagen die Nerven blank. Das Experiment geriet zur Farce. Van der Bellen ließ sich dazu hinreißen, seinem Widersacher den „Scheibenwischer" zu zeigen[140] – eine beleidigende Geste, mit der dem Gegenüber ausgedrückt wird, dass man es für geistig minderbemittelt hält.

Den einzigen brachialen Angriff auf Norbert Hofer vor der Stichwahl am 22. Mai wagte der öffentlich-rechtliche Rundfunk ORF. Drei Tage davor hielt Moderatorin Ingrid Thurnher Hofer im ORF-Wahlduell vor, bei der Schilderung eines von ihm 2014 erlebten Vorfalls am Tempelberg in Jerusalem die Unwahrheit gesagt zu haben. Hofer hatte mehrmals erzählt, dass er dort Zeuge eines vereitelten Terroranschlags geworden sei. Der ORF stellte dieser Aussage die Schilderung eines israelischen Polizeisprechers gegenüber, wonach es an besagtem Tag keinen Terroranschlag gegeben habe. Dass es sehr wohl einen bedrohlichen Vorfall gab, der diesen Eindruck bei Hofer erwecken konnte, ließ man dabei geflissentlich unter den Tisch fallen. Tatsächlich wurde eine verdächtige Frau, die sich Polizeianweisungen widersetzt hatte,

---

140 https://www.oe24.at/oesterreich/politik/scheibenwischer-eklat-um-van-der-bellen/235801174

erst durch einen Schuss ins Bein gestoppt.[141] Die FPÖ sah in diesem Manöver des ORF einen Verstoß gegen das ihm per Gesetz zu strikter Befolgung aufgetragene Objektivitätsgebot. Zwar scheiterten die Freiheitlichen in allen Instanzen, und auch das Bundesverwaltungsgericht bestätigte im Jahr 2021 schließlich die ursprüngliche Entscheidung der Medienbehörde KommAustria.[142] Dennoch sind ähnlich intensive Recherchen, wie sie im Falle Hofers übrigens der schon mehrmals als besonders tendenziös gegenüber der FPÖ aufgefallene ORF-Journalist Armin Wolf vornahm[143], in Zusammenhang mit Aussagen von Hofers Kontrahent Van der Bellen nicht bekannt. Unbeantwortet muss schon aufgrund des Redaktionsgeheimnisses die Frage bleiben, ob Wolf und seine ORF-Kollegen aus eigenem Antrieb tätig wurden oder ob sie vielleicht einen Hinweis aus dem mit dem ORF bekannt gut vernetzten Lager des Grün-Kandidaten Van der Bellen erhielten.

Unabhängig davon, ob man die „Tempelberg-Affäre“ als korrekte und angemessene Recherche oder als einseitige Einmischung in den Wahlkampf betrachtet, so war sie definitiv dazu angetan, die Glaubwürdigkeit des freiheitlichen Kandidaten Norbert Hofer zu beschädigen. Gut möglich, dass dadurch der Unterschied gemacht wurde, der Van der

---

141 *https://www.unzensuriert.at/content/0020819-provokationen-von-ingrid-thurnher-im-orf-duell/*

142 *https://www.diepresse.com/5947241/causa-tempelberg-hofer-blitzt-auch-beim-vwgh-gegen-orf-ab*

143 *https://www.arminwolf.at/2016/05/20/norbert-hofer-tempelberg/*

Bellen in der später aufgehobenen Stichwahl als Erster über die Ziellinie gehen ließ. Denn die Differenz zwischen den beiden Kandidaten betrug nur rund 31.000 Stimmen. Hätten sich also 15.500 Wähler anders entschieden, wären die beiden gleichauf gelegen. Das ORF-Duell, in dem Hofers Schilderung seiner Eindrücke am Tempelberg thematisiert wurde, erreichte jedenfalls bis zu 1,4 Millionen Zuseher.

Wahlkartenchaos führt zu Wiederholung

Auf den ersten Blick wahlentscheidend waren jedoch jene Wähler, die ihre Stimmzettel nicht am 22. Mai 2016 direkt in die Urnen warfen, sondern mittels Wahlkarte, zumeist schon früher gewählt hatten. Hier betrug der Vorsprung Van der Bellens imposante 175.000 Stimmen, während er bei den Urnenwählern deutlich zurückgelegen war. 61,7 Prozent der Briefwähler votierten für Van der Bellen. Diese statistisch kaum erklärbare Abweichung innerhalb eines Wählersegments von immerhin knapp 17 Prozent war es schließlich auch, die starke Zweifel daran nährte, ob rund um die Briefwahl alles mit rechten Dingen zugegangen wäre. Tatsächlich meldeten sich bei der FPÖ in den Tagen nach der Wahl dutzende Menschen, die über schwere Unregelmäßigkeiten zu berichten wussten. Vielfach betrafen die Schilderungen Alten- und Pflegeheime, in denen der Wählerwille beim Ausfüllen der Briefwahlkarten missachtet worden sei.

Für eine erfolgreiche Anfechtung waren diese „Einzelfälle" allerdings zu wenig. Jedoch gelang es den Freiheitlichen, anhand von eidesstättigen Erklärungen ihrer Wahlbeisitzer massive strukturelle Mängel bei der Auszählung der Briefwahlstimmen nachzuweisen. Laut der Anfechtungsschrift[144] wurden 573.275 Wahlkarten in nichtige und auszuzählende Stimmen vorsortiert, 120.067 Karten vorzeitig geöffnet, 80.953 Stimmen vorzeitig entnommen, 30.296 Stimmen vorzeitig ausgezählt und 58.374 Stimmen unbefugt – sprich ohne die zuständige Wahlkommission – ausgezählt. Zahlen, an denen der Verfassungsgerichtshof nicht vorbeikam. Er hob nach eingehender mündlicher Verhandlung samt Befragung zahlreicher Zeugen die gesamte Stichwahl auf und ordnete ihre Wiederholung an. Der ursprünglich dafür vorgesehene Termin am 2. Oktober 2016 konnte jedoch nicht gehalten werden, weil es erneut Probleme mit den Briefwahlkarten gab. Aufgrund schadhafter Klebestreifen war zu befürchten, dass zahlreiche Stimmen ohne Verschulden der Wähler für ungültig erklärt werden müssten.

Haselsteiner-Kampagne verfehlt wegen „Klebergate" ihre Wirkung

Die Verschiebung der Wiederholungswahl wurde am 12. September 2016 durch den damaligen Innenminister Wolfgang Sobotka (ÖVP) verkündet. Ebenso wie Hofer, der angesichts der Probleme vergeblich den Entfall der Briefwahl gefordert hatte, ärgerten sich wohl auch Van der Bellen und sein Team darüber, denn dadurch verlor eine der schmutzigsten Kampagnen während des gesamten Wahl-

---

144 https://www.fpoe.at/fileadmin/user_upload/global/Wahlanfechtung_2016.pdf

jahrs deutlich an Wirkung. Just am 5. September wandte sich der „Austro-Oligarch" und STRABAG-Baulöwe Hans Peter Haselsteiner via Presseaussendung[145] an die Öffentlichkeit und lancierte unter dem Titel „Nein zum Öxit. Nein zu Hofer" zunächst Inserate mit Botschaften wie

„Kommt Hofer. Kommt Öxit. Kommt Arbeitslosigkeit."

Pleitewelle, Bauernsterben und Tourismusflaute waren weitere Schreckgespenster, die Haselsteiner mit Hofer und dem Öxit in Verbindung brachte. Abgesehen davon, dass diese Folgen, wie derzeit das Beispiel Großbritannien zeigt, keineswegs eintreten müssen, war bereits die als notwendig dargestellte Verbindung zwischen einem Bundespräsidenten Norbert Hofer und dem Austritt Österreichs aus der EU ein Paradebeispiel der Wählertäuschung und des „Dirty Campaignings". Denn Hofer hatte den Öxit nie angestrebt, sondern lediglich eine Überprüfung der österreichischen EU-Mitgliedschaft im Wege des direktdemokratischen Instruments einer Volksbefragung angeregt. Die Deutsche Presseagentur „dpa" etwa fasste die Position Hofers und der FPÖ zur EU am Tag der Stichwahl völlig korrekt wie folgt zusammen:

„EU: Die FPÖ forderte zuletzt Anfang des Jahres im Parlament eine Volksbefragung zu einem Austritt. In der Zwischenzeit hat speziell Hofer seine Haltung zum Öxit

145 *https://www.ots.at/presseaussendung/OTS_20160905_OTS0003/nein-zum-oexit-nein-zu-hofer-bild*

präzise definiert. Einen Austritt aus der EU fände er nur mehr dann angebracht, wenn die EU deutlich zentralistischer oder die Türkei der EU beitreten würde.“ [146]

Hinzu kommt, dass Hofer einen EU-Austritt Österreichs als Bundespräsident in keiner Weise vorantreiben hätte können – genauso wenig wie Alexander Van der Bellen ihn hätte verhindern können, wenn sich eine parlamentarische Mehrheit dafür gefunden hätte und die Bürger ihr in einer Volksabstimmung gefolgt wären. Ausgearbeitet wurde Haselsteiners Kampagne von der Werbeagentur „Czerny Plakolm“ aus Wien, die auf ihrer Webseite[147] aus dem politischen Spektrum vor allem die Grünen im Bund und in einigen Ländern als Referenzkunden angibt. Kaum vorstellbar also, dass Van der Bellens Wahlkampfteam über die Kampagne nicht im Vorhinein informiert war und die Schmutzkübel-Kampagne des Bau-Milliardärs minutiös in die eigene Wahlkampfführung einplanen konnte.

Video mit Glatzköpfen, Bomben und Fadenkreuz

Doch die grob irreführenden Inserate waren erst der Anfang. Nur zwei Tage später – am 7. September 2016 – legte Haselsteiner mit einem Propaganda-Video[148] nach, das jeder

146 *https://www.wn.de/welt/thema/hintergruende/die-wichtigsten-positionen-von-norbert-hofer-1568600*

147 *http://czernyplakolm.at/#kunden*

148 *https://twitter.com/neinzumoexit/status/773943637239619585*

Diktatur der Welt zur Verunglimpfung der Opposition willkommen gewesen wäre. Eingeleitet mit Bildern von hasserfüllten, kahlgeschorenen Männern wird darin das „Gespenst des Nationalismus" beschworen. Es folgen Aufnahmen von Bombardements aus dem Zweiten Weltkrieg und eine Europa-Landkarte, die von den „Nationalisten" ins Fadenkreuz genommen wird. Norbert Hofer wird als „extremer Populist" und die FPÖ als „aktiver Teil" einer „anti-europäischen Bewegung" dargestellt. Aussagen, wonach die FPÖ einen Öxit nicht anstrebe, werden als unglaubwürdig dargestellt. Norbert Hofer sei der „Chefideologe" hinter diesem Kurs und ein „deklarierter EU-Gegner". Herbert Kickl, damals FPÖ-Generalsekretär, fasst das Machwerk aus Haselsteiners Giftküche in einem Satz zusammen, als er erklärte:

> *„Daraus trieft genau der Hass, der sich auf der Straße in Zerstörungen von Norbert-Hofer-Plakaten, Anschlägen auf FPÖ-Parteilokale und gewalttätigen Antifa-Aufmärschen zeigt."* [149]

Als Medien-Ansprechpartner der Haselsteiner-Kampagne fungierte 2016 übrigens ein gewisser Stefan A. Sengl in seiner Funktion eines Geschäftsführers des Kommunikationsunternehmens „The Skills Group GmbH". Sengls Vorstellung auf der Unternehmens-Webseite[150] ziert ein Bild aus alten Tagen an der Seite des ehemaligen Bundespräsidenten

---

149 *https://kurier.at/politik/inland/bundespraesidenten-wahl-haselsteiner-verschaerft-nein-zu-oexit-kampagne-gegen-hofer/220.000.210*

150 *https://skills.at/teammitglied/stefan-a-sengl/*

Heinz Fischer. 2010 administrierte Sengl noch unter seinem „Mädchennamen" Bachleitner die Wiederwahl-Kampagne Fischers für seine zweite Amtszeit. Und 2017, als im Wahlkampf-Lager der SPÖ die „Silberstein-Affäre" explodierte, war Sengl für zwei Monate lang als Wahlkampfmanager engagiert. Am 3. Juni wurde er in dieser Funktion präsentiert[151], doch schon am 27. Juli meldeten Medien seinen Rückzug. „Informationen, wonach es Unstimmigkeiten zwischen den diversen Kampagnenmanagern gegeben habe, die Sengl zum Rückzug bewogen hätten, will dieser auf APA-Anfrage nicht bestätigen. Er macht private Gründe geltend", informierte „Der Standard"[152]. Fakt ist, dass schon damals der später zum Inbegriff des „Dirty Campaignings" abgestempelte Tal Silberstein als SPÖ-Berater tätig war. Dass Sengl sich an Silbersteins Methoden gestoßen haben könnte, darf angesichts seiner Involvierung in die ungustiöse Haselsteiner-Kampagne weniger als ein Jahr zuvor wohl bezweifelt werden. Eher könnte es umgekehrt gewesen sein…

Eine 89-jährige Frau ersucht um Veröffentlichung ihres Videos

Die offenen Nazi-Anspielungen zu Beginn des Haselsteinerschen Propaganda-Videos gegen Norbert Hofer waren jedoch erst ein zarter Vorgeschmack auf das, was die VdB-Kampagne noch auf Lager hatte. In ihrer voller Tragweite

---

151 *https://www.heute.at/s/stefan-sengl-wird-nun-spo-wahlkampfleiter-40637837*

152 *https://www.derstandard.at/story/2000061875897/spoe-wahlkampfmanager-sengl-zieht-sich-zurueck*

wurde diese Strategie am 24. November 2016 – also exakt zehn Tage vor der Stichwahl-Wiederholung – ausgerollt. Auf Van der Bellens Facebook-Seite wurde unter dem unscheinbaren Titel „Video-Statement von Gertrude" ein Video veröffentlicht und von Van der Bellen mit folgendem Satz kommentiert:[153]

> *„Für mich ist es wahrscheinlich die letzte Wahl" – Gertrude, 89 und aus Wien, hat uns ersucht, dieses Video-Statement zu veröffentlichen:*

Die VdB-Werber versuchten auf diese Weise offensichtlich, das Video als „Zufallsfund" zu verkaufen, so als habe es die 89-Jährige, vielleicht mit Hilfe von ein paar jüngeren Verwandten oder Freunden, selbst gedreht und an das VdB-Team geschickt. Doch schon ein erster Blick lässt diese Version sehr unwahrscheinlich wirken, denn „Gertrude" ist aus mehreren Kamerapositionen aufgenommen und sitzt dabei in einer Wohnung, der man die Bescheidenheit, die sie ausstrahlen soll, an jedem Detail anmerkt. Der Text, den sie dabei spricht, ist ein Frontalangriff auf Hofer und die FPÖ und stellt die Freiheitlichen völlig unverhohlen ins Nazi-Eck:

> *„Die Beleidigung anderen gegenüber, das Runtermachen, das Schlechtmachen, das stört mich am allermeisten. Keine Achtung vor den anderen. Das Niedrigste aus dem Volk, aus den Leuten herausholen – nicht das Anständige, sondern das Niedrigste.*

153 *https://www.facebook.com/watch/?v=1366125040099201*

Und das war schon einmal der Fall. Man hat aus den Menschen Hass oder Lächerlich machen… Es haben sich die Leute hingestellt, und wie die Juden die Wege, also die Straßen reinigen mussten, sind die Wiener gestanden – Frauen, Männer – haben zugeschaut und haben gelacht: ‚Schaut's euch das an, haha!' Das war lustig. Und das holt man, versucht man wieder rauszuholen aus den Menschen. Und das schmerzt, und das fürchte ich.

Und der Ausspruch ‚So wahr mir Gott helfe!', den habe ich gehört im 33er-Jahr oder 34er-Jahr. Das ist so eine… von einem Menschen, der eigentlich mit Religion nicht viel am Hut hat. Ich bin nicht froh, ich sag das nicht aus Frömmigkeit, sondern die Falschheit ist mir da zum Bewusstsein geworden.

Der Punkt bei mir war, wie der Strache das Wort ‚Bürgerkrieg' gesagt hat. Da ist mir kalt über den Rücken geronnen und ich habe mir gedacht: Das darf nicht einmal erwähnt werden, nicht einmal angedacht werden. Ich habe einen Bürgerkrieg als siebenjähriges Kind erlebt. Und den habe ich nie vergessen. Da habe ich meine ersten Toten gesehen, leider nicht die letzten. Das habe ich nie vergessen, das hat sich so eingegraben in mir, dass ich das heute noch weiß. Und dann sagt ein Politiker, ein Bürgerkrieg wäre möglich. Das darf doch nicht sein.

Und da habe ich mir gedacht, da ist der Van der Bellen derjenige, der überlegen, ruhig, für Frieden, für Gleichberechtigung ist und der so etwas gar nicht denkt und mit

Bedacht überlegt – vielleicht aufgrund seines Alters. Vielleicht ist er da schon reifer und vernünftiger. Ich glaube, dass das sein großes Plus ist.

Ich kann nicht zu Hause nur im kleinen Kreis groß reden: ‚Das passt mir nicht, das passt mir nicht.' Und wenn eine Wahl ist, gehe ich nicht hin? Das ist doch kontraproduktiv. Ich muss mein Recht als Bürger in Anspruch nehmen. Aber ich muss mir vorher überlegen: Was wähle ich? Net hören: ‚Jö der hat was Schönes gesagt, den wähl ich.' Sondern überlegen: Und was macht er daraus? Was könnte daraus entstehen?

Und vor allem bin ich der Meinung, die jungen Leute müssten wählen gehen. Für mich ist es wahrscheinlich die letzte Wahl. Ich habe nicht mehr viel Zukunft. Aber die Jungen haben ihr ganzes Leben noch vor sich. Und die müssten selber schauen, dass es ihnen weiterhin gut geht. Das können sie nur, wenn sie vernünftig wählen."

Beendet wird das Video mit folgendem eingeblendeten Text im Abspann:

„Gertrude ist 16 Jahre alt, als sie mit ihren Eltern und den zwei jüngeren Brüdern nach Auschwitz deportiert wird.

Ihre ganze Familie wird umgebracht – sie überlebt als Einzige."

Weniger als eine halbe Stunde nach Veröffentlichung berichtet die „Austria Presse Agentur“ über das Video unter dem Titel „Holocaust-Überlebende warnt vor rechter Wahlkampf-Rhetorik“.[154] In der Folge überschlagen sich die Medien, auch international, mit Berichten. Wenige Tage später wird bekannt, dass Gertrude Pressburger, so der volle Name der damals 89-jährigen Frau, nicht zum ersten Mal das Licht der Öffentlichkeit gesucht hatte. Ihr Schicksal hatte sie bereits im März 2016 dem „radio klassik Stephansdom“ geschildert.[155] Die knapp einstündige Reportage war im selben Jahr mit dem Österreichischen Radiopreis und dem Prälat-Leopold-Ungar-Preis ausgezeichnet worden. Letztere Auszeichnung erhielt die Gestalterin Marlene Groihofer nur zwei Wochen vor der Veröffentlichung des Gertrude-Videos auf der Facebook-Seite Van der Bellens. Zu diesem Zeitpunkt arbeitete Groihofer im Pressebüro des damaligen EU-Parlamentspräsidenten Martin Schulz (SPD) und damit in einem politischen Milieu, das sich in Österreich in der Stichwahl klar zu Van der Bellen bekannte.[156]

Mit Einzelmeinung die Hälfte der Österreicher ins Nazi-Eck gestellt

Das Video verfehlte die gewünschte Wirkung nicht. Norbert Hofer unterlag am 4. Dezember 2016 in der Stichwahl

---

154 *https://www.diepresse.com/5123587/holocaust-ueberlebende-warnt-vor-rechter-wahlkampf-rhetorik*

155 *https://radioklassik.at/die-einzige-die-ueberlebt-hat/*

156 *https://www.erzdioezese-wien.at/site/home/nachrichten/article/53518.html*

seinem Konkurrenten Van der Bellen deutlicher als im aufgehobenen Wahlgang im Mai. Van der Bellen erhielt 53,79 Prozent der gültigen Stimmen und vergrößerte seinen Vorsprung gegenüber der aufgehobenen Wahl von 31.000 auf rund 360.000 Stimmen. Es mag durchaus sein, dass Gertrude Pressburger aus ihrer tragischen Lebensgeschichte heraus tatsächlich der Ansicht war, sie müsse vor einem freiheitlichen Bundespräsidenten warnen. Die Perfidie der VdB-Kommunikatoren, dieser persönlichen Meinung eine Bühne von Millionen Sehern zu geben und dadurch die Freiheitlichen mit ihrem Kandidaten Norbert Hofer – und dazu knapp 50 Prozent der Wähler, die für ihn gestimmt hatten – als potentielle Wiedergänger der Nationalsozialisten zu punzieren, stellt jedoch zweifellos den bisherigen Tiefpunkt der „Dirty Campaignings" in der Geschichte der österreichischen Demokratie dar, wie sie nach 1945 aus den Trümmern des Zweiten Weltkriegs aufgebaut wurde.

Ein später Preis für die „berührende Arbeit"

Die Selbstgerechtigkeit, mit der Van der Bellen und sein Team dabei vorgingen, hatte ihren Tiefpunkt jedoch mit der nicht zuletzt dank dieses Propaganda-Videos gewonnenen Wahl noch nicht erreicht. Denn der nunmehrige Bundespräsident und seine Werbeagentur schreckten nicht einmal davor zurück, die ursprünglich erzählte Geschichte über den Haufen zu werfen, um sich auch noch mit einem Werbepreis dekorieren zu lassen. Hatte Van der Bellen – bis heute sichtbar – auf seiner Facebook-Seite behauptet, man habe das Video-Statement auf Ersuchen der 89-jährigen Gertrude veröffentlicht, so sah im April 2017 die Sache ganz anders aus.

Die den Grünen nahestehende Werbeagentur „Jung von Matt/Donau" heimste für diese „Arbeit" – gemeint ist das Video – den als „Grand Prix" bezeichneten Jurypreis des „Creativ Club Austria" ein. Selbst die Mainstream-Zeitung „Kurier" konnte ihre Verwunderung in ihrem Bericht kaum verbergen und schrieb:

> *„Frau Gertrude, so hieß es im November, sei an das Wahlkampfteam von Alexander Van der Bellen herangetreten, um sich für ihn als Bundespräsidenten auszusprechen. Fünf Monate später gibt es einen Preis dafür, der an eine der größten Werbeagenturen des Landes ging."* [157]

Van der Bellens Werbeguru Martin Radjaby-Rasset räumte unmittelbar nach der Preisverleihung ein, dass Gertrude zwar selbst an den Unterstützungsverein für Van der Bellen herangetreten sei, allerdings hernach „von diesem auch gefilmt" worden sei. Wer meint, der Bundespräsident habe sich wenigstens im nun erworbenen Wissen um die bewusste Inszenierung durch seine Unterstützer von diesem Manöver distanziert, der irrt. Van der Bellen war bei der Preisverleihung persönlich anwesend und wird mit folgenden Satz zitiert:

---

157 *https://kurier.at/kultur/vdb-kampagne-frau-gertrude-war-die-arbeit-einer-werbeagentur/259.648.034*

„Die Kreativen unseres Landes sorgen mit ihren Ideen dafür, dass Menschen auf eine besondere Art und Weise berührt und erreicht werden. Dafür möchte ich ihnen meinen Respekt und meine Anerkennung ausdrücken. Ein ganz besonderer Dank und große Anerkennung gehen an Frau Gertrude, die ein großartiges Vorbild für uns alle ist."

Was ist 2022 vom VdBs schmutziger Truppe zu erwarten?

Dass damals viele Menschen „auf eine besondere Art und Weise berührt" wurden, ist tatsächlich korrekt. Diese Berührung bestand darin, 50 Prozent der Wähler unverhohlen mitzuteilen, dass sie sich am Aufstieg eines neuen Nazi-Regimes mitschuldig machen würden, wenn sie ihr Kreuz ein weiteres Mal beim freiheitlichen Kandidaten machen würden. Bei manchen verfing diese Botschaft, jedenfalls bei ausreichend vielen, um den im Wahlkampf schon damals alles andere als souveränen Senior-Kandidaten Van der Bellen als Sieger über die Ziellinie zu schleppen. Man darf daher gespannt sein, was aus dem personell mit 2016 ziemlich identischen VdB-Wahlkampfteam heuer zu erwarten ist, zumal der nunmehrige Präsident – sechs Jahre älter – noch weniger als damals in der Lage ist, selbst für sich und seine Argumente zu sprechen. „Respekt und Anerkennung" wird er seinen schmutzigen Wahlkämpfern bestimmt auch diesmal zollen, sollte die Wahl für ihn gut ausgehen.

„Die Bombe platzt“.
Van der Bellen und die Ibiza-Affäre

Als am 17. Mai 2019 Ausschnitte des sogenannten Ibiza-Videos von den beiden deutschen Medien „Süddeutsche Zeitung“ und „Spiegel“ veröffentlicht wurden, lautete die große Frage: Kann die erfolgreiche türkis-blaue Regierung weitermachen oder ist sie aufgrund des illuminierten Geschwafels der damaligen FPÖ-Politiker Heinz-Christian Strache (Vizekanzler) und Johann Gudenus (geschäftsführender Klubobmann im Nationalrat) Geschichte? Die Antwort gab am darauffolgenden Abend der damalige Bundeskanzler Sebastian Kurz (ÖVP), indem er die Koalition trotz gegenteiliger Zusicherung an die Freiheitlichen für beendet erklärte. Die FPÖ hatte ihren Teil der am Vorabend getroffenen Vereinbarung eingehalten. Strache und Gudenus hatten ihren Rücktritt von allen Ämtern erklärt, und Norbert Hofer wäre auf Strache als Vizekanzler gefolgt. Durch die zusätzliche Bedingung, auch Herbert Kickl müsse sein Amt als Innenminister räumen, stellte die ÖVP eine für die Freiheitlichen unüberwindbare und auch sachlich durch nichts zu rechtfertigende Hürde auf – Kickl wurde schließlich entlassen und der Rest der freiheitlichen Regierungsmannschaft trat daraufhin zurück. Unmittelbar nach Sebastian Kurz wandte sich auch Bundespräsident Alexander Van der Bellen am Abend des 18. Mai 2019 an die Österreicherinnen und Österreicher und eröffnete seine Ansprache mit folgenden Sätzen:

„Die Bilder, die uns seit gestern erreichen, zeigen ein verstörendes Sittenbild. Ein Sittenbild, das unserem Land und seinen Menschen nicht gerecht wird. Es sind beschämende Bilder. Und niemand soll sich für Österreich schämen müssen. Ich möchte in aller Deutlichkeit sagen: So sind wir nicht. So ist Österreich einfach nicht.“ [158]

Der mittlerweile geflügelte Satz „So sind wir nicht“ sollte sich, bezogen auf die folgende schwarz-grüne Bundesregierung, schnell relativieren. Während Van der Bellen nach der Veröffentlichung des Videos eine klare Linie gegenüber lediglich imaginierter Korruption zog, fiel ihm das gegenüber der nun mit „seinen“ Grünen liierten ÖVP in den folgenden Jahren sehr schwer, selbst bei handfestem Korruptionsverdacht. Überraschend war auch, wie gut vorbereitet Van der Bellen bei seiner Ansprache am 18. Mai 2019 angesichts der sich im Laufe des Tages überschlagenden Ereignisse wirkte. Hier sollte ein von der FPÖ veröffentlichtes Kalenderblatt für zusätzliche Erhellung sorgen, das der freiheitliche Fraktionsvorsitzende im Ibiza-Untersuchungsausschuss, Christian Hafenecker, veröffentlichte. In seinem Buch „So sind wir“ fasst er die Rolle Van der Bellens rund um Ibiza so zusammen:

Die Rolle von Van der Bellen – Was wusste er?

Die Präsidentschaftskanzlei stellte fest, keine relevanten Unterlagen für den Untersuchungsausschuss zu haben und

158 *https://neuwal.com/transkript/20190518-pressekonferenz-alexander-van-der-bellen.php*

auch sonst nicht in die Ibiza-Affäre verwickelt zu sein, weshalb sie keinerlei Akten an den Untersuchungsausschuss lieferte. Wie sich im Zuge der Enthüllung des Terminkalenders von Bundespräsident Van der Bellen durch die FPÖ Mitte März 2021 herausstellte, gab es in der Woche der Ibiza-Veröffentlichung allerdings sehr wohl vorbereitende Handlungen auf die kommenden Ereignisse. Die Kalendereinträge deuten auf intensive Beratungen und Gespräche in der Präsidentschaftskanzlei hin.

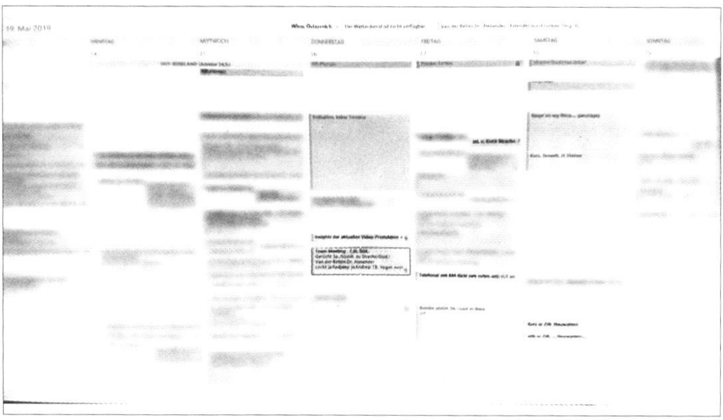

Kalendereintrag Van der Bellen

Am Vortag der Veröffentlichung ist ein Termin des VdB-Beraters Lothar Lockl und des damals bei der Erste Bank beschäftigten früheren Grünen Kampagnenmanagers Martin Radjaby zu den „Gerüchten Sp./Süddt. Zu Strache / Gud“ reserviert. Am Vormittag des 17. Mai 2019 war ein Telefonat zwischen Van der Bellen und Bundeskanzler Kurz mit dem Betreff „Strache“ geplant, für den Abend war „Bombe platzt:

Str + Gud in Ibiza“ eingetragen. Auch der Tag danach war bereits mit Terminen des Präsidenten und seinen Beratern gefüllt.

Rund 30 Stunden vor der Veröffentlichung erhielt der Büroleiter Van der Bellens per Mail ein als „Testament“ tituliertes Schreiben von Julian Hessenthaler, wie dieser auch im Untersuchungsausschuss bestätigte.[159] Lediglich zwei Stunden später fand der oben genannte Termin mit Lockl und Radjaby statt. Der Öffentlichkeit und sogar dem Parlament wurde die Existenz eines solchen Schreibens erst durch ein Interview Hessenthalers mit dem „Standard“ im Jänner 2021 bekannt. Während die Präsidentschaftskanzlei noch am 9. Juli 2020 in einem Schreiben gegenüber dem Bundeskriminalamt bekannt gab, dass „den Herrn Bundespräsidenten und die Präsidentschaftskanzlei auch keine diesbezügliche Anfrage erreicht“ habe, musste sie nach dem Interview des Drahtziehers zurückrudern. Die Nichtlieferung dieses Schreibens und Van der Bellens Kalender an den Untersuchungsausschuss kommt einer Beweismittel-Unterdrückung gleich, noch dazu vom obersten Repräsentanten der Republik.[160]

Doch es kommt noch dicker: Wenige Tage vor der Veröffentlichung traf sich der langjährige grüne Kampagnenma-

159 *https://www.parlament.gv.at/PAKT/VHG/XXVII/KOMM/KOMM_00202/fnameorig_981165.html*

160 *https://www.derstandard.at/sto-ry/2000123792625/die-bombe-platzt-schrieb-der-praesident-zum-tag-des-ibiza*

nager und heutige Kabinettsmitarbeiter von Vizekanzler Werner Kogler, Joseph Mussil, in einem Wiener Hotel mit Julian Hessenthaler. Bei diesem Treffen wurden ihm sogar Teile des Videos gezeigt. Mussil will davon jedoch lediglich seiner Lebensgefährtin erzählt haben. Es ist unglaubwürdig, dass so einem erfahrenen Mann für politische Öffentlichkeitsarbeit die Tragweite dieses Videos nicht bewusst gewesen wäre. Auch noch Monate nach der Video-Veröffentlichung hatte Mussil Kontakt zu Hessenthaler, obwohl dieser per internationalem Haftbefehl gesucht wurde.[161]

Diese Erkenntnisse und die Kalendereinträge der Präsidentschaftskanzlei, die auch einen engen Austausch mit Bundeskanzler Kurz und seinen engsten Beratern offenbaren, erhärten die Annahme, dass die Spitzen der Republik bereits länger über das Drehbuch des 17. Mai 2019 in Kenntnis waren und sich gezielt darauf vorbereiteten. Während Kurz noch in der Nacht eine Fortsetzung der Koalition unter einem neuen Vizekanzler Hofer zusagte, trat er am nächsten Tag nicht zur vereinbarten Zeit vor die Presse. Straches Rücktritt war zu wenig, auch der völlig unbeteiligte Innenminister Herbert Kickl müsse zurücktreten. Was Kickl übrigens auch getan hätte, wäre das Innenressort in Händen der FPÖ geblieben. Aber auch das wollte Kurz nicht. Kurz versuchte offenbar das größtmögliche politische Kapital aus der Situation zu schlagen. Unterstützung gab es dabei von Van der Bellen, der Kickl wenig später aus seinem Amt

161 *https://www.derstandard.at/sto-ry/2000123730106/einstiger-gruenen-sprecher-sah-ibiza-videoteile-vor-veroeffentlichung*

entließ. Der Bundespräsident ließ eine Staatskrise bewusst eskalieren, anstatt dabei zu helfen, sie zu lösen. Die als Konsequenz auf die Videoveröffentlichung angekündigten Neuwahlen im Herbst des Jahres brachten seine ehemalige Partei, die Grünen, nicht nur zurück ins Parlament, sondern hievten sie gleichzeitig in die Bundesregierung. Dass sich der „Hüter der Verfassung" nicht nur unprofessionell, sondern vielleicht sogar parteiisch verhalten hat, änderte die Geschichte seiner ehemaligen Partei jedenfalls schlagartig zum Besseren.

Grüne Funktionäre wurden bei der Erste Bank zwischengeparkt

Ein interessantes Detail am Rande ist die Verbindung zwischen Alexander Van der Bellen und Erste-Bank-Chef Andreas Treichl. Der Bankmanager galt schon immer als Befürworter einer schwarz-grünen Koalition. Nach der Abwahl der Grünen aus dem Parlament soll Treichls Bank das Sanierungspaket für die Partei geschnürt haben.[162] Und nicht nur das: Grüne Funktionäre fanden bei der „Ersten" einen neuen Job oder wurden zwischengeparkt. Der Ex-Bundesgeschäftsführer der Grünen, Stefan Wallner, übernahm mit 1. Februar 2017 den Bereich „Company Transformation and Civil Society Partnerships" und wurde mit seiner Abteilung direkt Andreas Treichl unterstellt.[163] Martin Radjaby,

162 *https://www.diepresse.com/5313181/grune-le-gen-der-bank-einen-sanierungsplan-vor*

163 *https://www.diepresse.com/5159887/ex-bundesgeschaeftsfuehrer-der-gruenen-wechselt-zur-erste-group*

der die Kampagne für den aktuellen und den Bundespräsidentschaftswahlkampf 2016 von Alexander Van der Bellen entwickelte und steuerte, bekam am 18. September 2017 die Verantwortung für die strategische Marketingsteuerung und das Marketing in der Erste Group übertragen.[164] Und Joseph Mussil, jetzt wieder im Kabinett von Vizekanzler Werner Kogler, durfte eine Zeit lang als Projektleiter das Eventmanagement der Erste Bank gestalten.[165]

Treichl, der als Aufsichtsratschef der Casinos Austria AG im Gespräch war und mit der tschechischen SAZKA-Gruppe, die jetzt die Mehrheit der Casinos Austria AG (CASAG) hält, gut vernetzt sein soll, könnte also in diesem Projekt der vielleicht schon länger vorbereiteten schwarz-grünen Koalition nach der „Ibiza-Affäre" eine wichtige Rolle gespielt haben.[166] Gemeinsam mit Bundespräsident Alexander Van der Bellen, dessen Kampagnen-Manager bei Treichl sofort einen gut dotierten Job bekamen. Dass Van der Bellen der ÖVP schlussendlich auch noch beim „Zeitschinden" im U-Ausschuss zu Hilfe gekommen ist, rundet das Bild eines Bundespräsidenten ab, der ein Teil des „Tiefen Staates" der Kurz-Truppe geworden zu sein scheint. Denn Van der Bellen weigerte sich am 5. Mai 2021, die Aufforderung des Verfassungsgerichtshofes, die Aktenlieferung von ÖVP-

164 *https://www.erstegroup.com/de/news-media/presseaussendungen/2017/08/25/martin-radjaby-rasset-uebernimmt-strategische-markenentwicklung-und-steuerung*

165 *https://at.linkedin.com/in/joseph-mussil-967b756*

166 *https://www.kleinezeitung.at/wirtschaft/5770294/Vor-Vertrag-mit-Sazka-Gruppe_Treichl-koennte-Aufsichtsratschef-der*

Finanzminister Gernot Blümel zu exekutieren, umgehend umzusetzen. Stattdessen eröffnete er ein Ping-Pong-Spiel. Zwar drohte der Bundespräsident im Fernsehen mit dem Einsatz des Bundesheers, doch begnügte er sich zunächst mit einem „Alibi-Gespräch" mit Blümel – mit dem Ergebnis, dass dieser erst recht nicht vollständig lieferte. Der U-Ausschuss musste also neuerlich den VfGH einschalten. Dieser forderte den Bundespräsidenten nochmals auf, die Exekution durchzuführen. Und wieder trat Van der Bellen im ORF auf, um am 23. Juni 2021 zu verkünden, dass er das Straflandesgericht Wien mit der Exekution der höchstgerichtlichen Erkenntnis zur Aktenlieferung beauftragen wird.

Durch dieses Ping-Pong-Spiel verstrichen sechs Wochen – wertvolle Zeit, die der U-Ausschuss nicht mehr nutzen konnte. Mit diesem Verhalten wurde Van der Bellen endgültig Teil der türkisen Familie. Und man muss annehmen, dass er sich als Dankeschön für seine Mitarbeit bei der Vertuschung die Unterstützung der ÖVP für eine weitere Kandidatur als Bundespräsident erwartet. In dieses Bild passt perfekt, dass ÖVP-Nationalratspräsident Wolfgang Sobotka im Juli 2021 in der ORF-Sendung „Hohes Haus" bekanntgab, nicht als Bundespräsident kandidieren zu wollen. Gleichzeitig wünschte er sich, dass sich Alexander Van der Bellen noch einmal „zur Verfügung stellt", denn er „schätze ihn sehr"…[167]

---

167 https://www.derstandard.at/sto-ry/2000128113669/sobotka-wuenscht-sich-wieder-van-der-bellen-als-bundespraesidenten.zuletzt

Der Text entstammt dem Buch „So sind wir" von Christian Hafenecker, erschienen 2021 im Verlag Frank&Frei

Die Wissenschaft zu Diensten.
Student – Professor – Uni-Beauftragter

Alexander Van der Bellen ist einer der längstdienenden Politiker des Landes. 1992 betrat er als Kandidat der Grünen für das Amt des Rechnungshofpräsidenten die große politische Bühne und zog zwei Jahre später in den Nationalrat ein. Somit bewegt sich Van der Bellen seit vollen drei Jahrzehnten in der Politik. Dennoch pflegte er in all dieser Zeit sein Wissenschaftler-Image und ließ sich auch als hauptberuflicher Abgeordneter gerne „Professor" nennen,[168] obwohl er sich mit Übernahme der Klubobmannschaft der Grünen im Jahr 1999 karenzieren ließ und seine Tätigkeit bis zu seiner Versetzung in den Ruhestand im Jahr 2009 nicht mehr aufnahm. Auch als Bundespräsident legt Van der Bellen offensichtlichen Wert auf seine wissenschaftliche Laufbahn. Im üppig bebilderten Lebenslauf auf der Webseite der Präsidentschaftskanzlei[169] nimmt die Universität großen Raum ein, die wichtigsten Stationen werden tabellarisch aufgelistet:

168 *https://kurier.at/politik/inland/alexander-van-der-bellen-der-herr-professor-erklaert-die-politik/400514500*

169 *https://www.bundespraesident.at/aktuelles/detail/lebenslauf-alexander-van-der-bellen*

Beruflicher Werdegang

1968–1970

Wissenschaftliche Hilfskraft Institut für Finanzwissenschaft der Universität Innsbruck

1971–1975

Assistent Institut für Finanzwissenschaft der Universität Innsbruck

1972–1974

Research Fellow Wissenschaftszentrum Berlin

1976–1980

Außerordentlicher Universitätsprofessor Universität Innsbruck

1977–1980

Verwaltungsakademie des Bundes Wien

1980–2009

Ordentlicher Universitätsprofessor für Volkswirtschaftslehre, Universität Wien (1999–2009 gesetzlich karenziert)

1990–1994

Dekan bzw. Stellvertretender Dekan, Sozial- und Wirtschaftswissenschaftliche Fakultät der Universität Wien

Van der Bellen wurde 1976 nach seiner im Jahr davor erfolgten Habilitierung zum außerordentlichen Universitätsprofessor ernannt. Sein Wechsel nach Wien brachte ihm die ordentliche Professur für Volkswirtschaftslehre ein. Innerhalb der sozial- und wirtschaftswissenschaftlichen Fakultät der Universität Wien arbeitete er sich noch bis zum Dekan hoch.

Student bei konservativen Professoren

Als Maturant an der Handelsakademie Innsbruck im Jahr 1964, war der Weg zum Wirtschaftsstudium für Van der Bellen gewissermaßen vorgezeichnet. An der Universität Innsbruck traf er auf eine überwiegend konservativ eingestellte Professorenschaft. Clemens August Andreae etwa, der den jungen Absolventen Van der Bellen von 1968 bis 1971 als wissenschaftliche Hilfskraft unter seine Fittiche nahm, fungierte seinerseits als finanzwissenschaftlicher Berater der ÖVP und der deutschen CDU/CSU und war darüber hinaus ein enger Freund und ideologischer Unterstützer des deutschen Verteidigungs- und Finanzministers bzw. bayerischen Ministerpräsidenten Franz Josef Strauß.

In sehr aufschlussreichen Anekdoten zur Politik in Universitäten, die Van der Bellen 2015 in einem Sammelband über die Wissens- und Universitätsstadt Wien veröffentlichte,[170]

---

170 *Van Der Bellen, Alexander. (2015): „Politik an Universitäten: Some ancdotal evidence". In: Ehalt, H./Rathkolb, O.: Wissens- und Universitätsstadt Wien – Eine Entwicklungsgeschichte seit 1945. Göttingen: V&R unipress, 303-313.*

beklagt er „das Fehlen der von den Nazis vertriebenen oder ermordeten Intelligenz", macht aber auch „intellektuelle Lichtblicke" ausfindig, zu denen er den späteren ÖVP-Klubobmann und Nationalbank-Präsidenten Stephan Koren, aber auch Andreae zählt. Über den ersten Förderer seiner wissenschaftlichen Karriere schreibt Van der Bellen:

> *„Aus dem grauen Durchschnitt herausragte auch Clemens-August Andreae, zuständig für Finanzwissenschaft, also die Ökonomie des öffentlichen Sektors. Ein Deutscher aus dem Rheinland, ein begnadeter Vortragender im Hörsaal oder in anderen Diskussionen, immer interessant und anregend in seinen assoziativen Abschweifungen vom und zurück zum Thema. Freie Rede war sein Metier, eher unbeholfen wirkte er, wenn er sich an ein Manuskript hielt."*

Der SPÖ-Finanzminister als früher Förderer

Gut möglich, dass es aber auch andere Fähigkeiten waren, die der junge Van der Bellen an seinem Professor besonders bewunderte. Obwohl klar dem ÖVP-Milieu angehörig und daher unter Bruno Kreisky in Österreich und Willy Brandt in Deutschland am Erreichen seines angeblichen Ziels Finanzminister gehindert, verfügte Andreae über ausgezeichnete Beziehungen auch über die Parteigrenzen hinaus, die er seinem jungen Assistenten angedeihen ließ:

> *„Aber – Andreae konnte mit Vielen, seine konservative Grundeinstellung hinderte das nicht. 1970 verschaffte er*

mir im Handumdrehen einen Termin bei Hannes Androsch, dem jungen Finanzminister, der mir über ein kleines Gutachten zur Mehrwertsteuer-Einführung in Norwegen ermöglichte, die Summer School der Universität Oslo zu besuchen."

Solcherart in „höhere Kreise" eingeführt, konnte Van der Bellen es verschmerzen, dass sich das Jahr 1968 in Österreich ziemlich beschaulich präsentierte. Van der Bellen schreibt von einem „Aufstand mit beschränktem Radius" und charakterisiert die Stimmung, in welche dieser fiel, so:

„Zur Erinnerung: in Österreich ÖVP-Alleinregierung, Josef Klaus Bundeskanzler und Theodor Piffl-Percevic Unterrichtsminister. Bruno Kreisky war seit kurzem Oppositionschef im Parlament. An den Universitäten hatten ausschließlich die Professoren das Sagen (»Ordinarien-Herrschaft«), die Firnbergschen Reformen waren noch Jahre entfernt."

Der „Marsch durch die Institutionen" beginnt

Doch auch in Österreich – und gerade an den Universitäten – fiel 1968 der Startschuss für einen „Marsch durch die Institutionen", den auch der Universitätsassistent Van der Bellen mitbeschritt – und zwar relativ schnell aus einer Führungsposition heraus.

„Wenn man (universitäts-)politische Wünsche hat, und diese womöglich auch durchsetzen will, muss man sich organisieren und Allianzen suchen. Die Jungtürken setzten Neuwahlen im Assistentenverband an; die bis dahin dominierenden Dozenten im Alter 50+ wurden abgewählt, und ich fand mich auf einmal in der Position des Vorsitzenden des universitären Assistentenverbandes, einer Art rudimentärer Gewerkschaft des sogenannten Mittelbaus. (Diesen Ausdruck kann ich nicht leiden, er ist leider bis heute üblich.) Ich war 25 und nicht einmal promoviert, allein das kann auf manchen professoralen Stier wie ein rotes Tuch gewirkt haben."

Als Assistent suchte sich Van der Bellen seine Mehrheiten vor allem in der Studentenschaft, die damals noch von den konservativen und freiheitlichen Hochschulgruppen dominiert war. Dass der Ring Freiheitlicher Studenten (RFS) sich dabei stets als pakttreu, der Cartellverband der katholischen Hochschulverbindungen hingegen häufig als wortbrüchig erwies, habe später im Nationalrat die „KollegInnen der Grünen Fraktion" genervt, zumal ihre Vorbehalte gegenüber der ÖVP „geradezu Zuneigung verglichen mit der Einstellung zur FPÖ" gewesen seien.

Wien bringt endlich linke Verbündete

Doch schon bald war Van der Bellen – mittlerweile an die Universität Wien gewechselt – von der lästigen Pflicht entbunden, sich mit dem „Klassenfeind" politisch zu verbünden.

Am Institut für Wirtschaftswissenschaften in Wien gab es bereits eine dezidiert linke Studentenfraktion, den „Roten Börsenkrach“ (RBK), der den emeritierten Professor in seinem anekdotischen Rückblick 2015 ins Schwärmen kommen ließ:

> *„Der RBK war und ist keine Vorfeldorganisation der SPÖ; sehr lose strukturiert, waren seine Akteure – von Mitgliedern zu sprechen wäre wohl verfehlt – typischerweise politisch irgendwie ‚links', gesellschaftspolitisch radikalliberal, und vor allem intelligent. Die besten Studierenden der Wirtschaftswissenschaften an der Uni Wien waren mit einiger Regelmäßigkeit RBK-verdächtig.“*

Erste parteipolitische Heimat: SPÖ

Die Schilderungen legen es nahe, und tatsächlich schloss sich Alexander Van der Bellen im Jahr seiner Berufung zum außerordentlichen Professor der SPÖ an. Nachdem ihm im Rahmen seiner Habilitation in Innsbruck seine Tätigkeit im Assistentenverband als nicht „ehrenhaftes Vorleben“ ausgelegt worden war, was ihn spürbar schmerzte, kann man die Hinwendung zum organisierten Sozialismus in Form der SPÖ wohl als gewisse Trotzreaktion auffassen. Geschadet hat es ihm in Wien jedenfalls nicht. Seine Berufung zum ordentlichen Professor für Volkswirtschaftslehre ging problemlos über die Bühne.

> *„Als ich 1980 an die Universität Wien berufen wurde, spielte im Institut für Wirtschaftswissenschaften die Frage*

(m)einer Parteimitgliedschaft praktisch keine Rolle. (Etwa ab 1976 war ich für rund ein Dutzend Jahre Mitglied der SPÖ.) Die Kollegen interessierten sich vorwiegend für meine theoretischen und empirischen Publikationen, die ÖH – in Gestalt des Roten Börsenkrachs, siehe oben – für meine Fähigkeiten in der Lehre."

Über den Lehrenden Van der Bellen ist wenig überliefert – über den publizierenden Wissenschaftler Van der Bellen nicht viel mehr. Dies überrascht doch einigermaßen, wurde er doch in den Jahren vor seinem schleichenden Wechsel ins politische Lager mit der Würde des Dekanats innerhalb der sozial- und wirtschaftswissenschaftlichen Fakultät besonders ausgezeichnet.

Die kurze Liste der wissenschaftlichen Publikationen

Dennoch ist es nicht leicht, eine umfassende Liste von Van der Bellens wissenschaftlichen Publikationen zu finden. Allzu viele dürften es jedenfalls nicht gewesen sein. Hochschulschriften aus der Feder Van der Bellens sind im Katalog des Österreichischen Bibliothekenverbunds lediglich zwei registriert.[171] 1966 erlangte Van der Bellen mit der Schrift „Die österreichischen Bundesfonds", begutachtet von seinem Förderer Professor Andreae, den Grad des Diplom-Volkswirts.

---

171 *https://search.obvsg.at/primo-explore/search?query=creator,contains,alexander%20van%20der%20bellen,AND&tab=hs-tab&search_scope=OBV_HS&vid=OBV&mode=advanced&offset=0*

1970 reichte er seine Dissertation unter dem Titel „Kollektive Haushalte und gemeinwirtschaftliche Unternehmungen – Probleme ihrer Koordination" ein. Hier fungierte neben Andreae der Betriebswirt Walter Marzen als Begutachter. Vermutlich auf Basis seiner Diplomarbeit entstand 1968 mit „Fondswirtschaft in Österreich" das erste, im Jupiter-Verlag erschienene Buch aus der Feder Van der Bellens.

In den siebziger Jahren wirkte sich eine Freundschaft mit dem türkischen Ökonomen Murat Sertel, mit dem er gemeinsam am Westberliner Wissenschaftszentrum forschte, auch publizistisch in Form einiger Abhandlungen zu Präferenz- und Entscheidungstheorie aus. Sein mit rund 300 Seiten umfangreichstes, alleine verfasstes Werk erscheint 1976 unter dem Titel „Mathematische Auswahlfunktionen und gesellschaftliche Entscheidungen. Rationalität, Pfad-Unabhängigkeit und andere Kriterien der axiomatischen Präferenztheorie". Zurück in Österreich brachte Van der Bellen in der Reihe „Pocket-Wissenschaft" des Kölner Verlags „Kiepenheuer und Witsch" 1977 das Büchlein „Öffentliche Unternehmen zwischen Markt und Staat" heraus. Bis ins Jahr 1985 und auch im Zeitraum danach beschränkt sich die publizistische Tätigkeit Van der Bellens hauptsächlich auf die Mitwirkung an gemeinsam verfassten Büchern sowie auf teilweise ebenfalls in Kooperation mit anderen Autoren verfasste Artikel in Sammelbänden oder Fachzeitschriften. Van der Bellens Co-Autoren sind dabei unter anderen die späteren Gouverneure der Österreichischen Nationalbank, Ewald Nowotny und Robert Holzmann.

Im Verdacht der Ost-Spionage

1985 legt Van der Bellen wieder eine Publikation in Buchform vor, die für einige politische Aufregung sorgen sollte: „Rüstungskonversion in Österreich". Im folgenden Jahr erscheint „Betriebliche und wirtschaftspolitische Möglichkeiten zur Rüstungskonversion" als Gemeinschaftsprojekt mit einem gewissen Peter Pilz. „Presse"-Journalist Oliver Pink vermerkt dazu in einem im Zuge des Bundespräsidentenwahlkampfs 2016 publizierten Artikel unter dem Titel „Wie links ist Van der Bellen?" folgendes:

> *„Ein Ostblock-Spion? Alexander Van der Bellen, dessen Familie vor den Sowjets geflüchtet war? Das war quasi das Entree des heutigen Präsidentschaftskandidaten auf der öffentlichen Bühne.*
>
> *Ein gewisser Peter Pilz hatte in den frühen 1980er-Jahren einen Forschungsauftrag zum Thema Rüstungskonversion (Umstieg von Waffen- auf Zivilproduktion) ergattert. Der Auftrag war vom damaligen Wissenschaftsminister – er hieß Heinz Fischer – an einen Universitätsprofessor für Volkswirtschaftslehre an der Uni Wien namens Alexander Van der Bellen vergeben worden. Peter Pilz war bei diesem wissenschaftlicher Mitarbeiter und nun federführend mit dem Rüstungskonversionsprojekt betraut. Die Verstaatlichte war damals auch noch Waffenproduzent.*
>
> *1985 erhob ein ÖVP-Abgeordneter den allerdings nie belegten Vorwurf der Ostspionage. Denn Pilz soll im Zuge*

seiner Reisen in dieser Sache unter anderem auch Kontakte zu einem schwedischen Institut gehabt haben, das unter diesem Verdacht stand.“ [172]

Der Verdacht war 2016 alles andere als neu und bereits im Jahr 2001 vom ehemaligen Generaldirektor für die Öffentliche Sicherheit, Michael Sika, aufgegriffen worden. In seinem Buch „Mein Protokoll – Innenansichten einer Republik“ stößt der Leser unter dem Kapitel „Wer spionierte für den Osten?“ auch auf „Univ.-Prof. Dr. Alexander Van der Bellen von der Fakultät der Sozial- und Wirtschaftswissenschaften der Universität Wien“. Das im Rahmen des Projekts mit Van der Bellen und Pilz kooperierende schwedische Friedensforschungsinstitut SIPRI ließ laut Sika bei der österreichischen Staatspolizei und beim Abwehramt des Bundesministeriums für Landesverteidigung die Alarmglocken schrillen, stand es doch im Verdacht, mit der Staatssicherheit der DDR zu kooperieren. Sika wörtlich:

„Die westlichen Geheimdienste waren sich allerdings darüber einig, dass solche „Friedensinstitute“ bis zum Ende des Kalten Krieges vom Ostblock vielfach zur Desinformation, Subversion und Spionage missbraucht wurden.“ [173]

Der politische Gegenwind, der Van der Bellen anlässlich seiner Arbeiten zum Thema Rüstungskonversion entge-

---

172 *https://www.diepresse.com/4988904/wie-links-ist-van-der-bellen*

173 *https://www.unzensuriert.at/content/0022239-van-der-bellens-spionageakt-wurde-im-wahlkampf-noch-nicht-ausgegraben/*

genschlug, ging offenbar nicht spurlos an ihm vorbei. 1990 brachte er sich dazu mit einem weiteren Artikel in der „Österreichische Zeitschrift für Politikwissenschaft" ein, in welchem er die Debatte aus seiner Sicht zusammenfasste und wehleidig kommentierte. Dabei zitierte er auch aus einem Brief an den damaligen Wissenschaftsminister Heinz Fischer (SPÖ), den Van der Bellen 1985 geschrieben hatte, nachdem in einer parlamentarischen Anfrage der ÖVP massive Zweifel an der Eignung von Peter Pilz geäußert worden waren und dieser unter den angedeuteten Verdacht der nachrichtendienstlichen Tätigkeit im Ausland gestellt worden war. Van der Bellen verteidigte Pilz mit enormen Pathos:

> *„Die Arbeiter an Forschungsprojekten mit einer Kampagne zu überziehen, die die Tendenz eines Rufmords aufweist, halte ich für eine Verhaltensweise, die der grundgesetzlich gesicherten Freiheit der Wissenschaft spottet. Principiis obsta; in einer Atmosphäre der Einschüchterung Wissenschaft treiben zu sollen, wird auf die Dauer nicht möglich sein […]"*[174]

Die Rüstungsindustrie sowie Politiker aus SPÖ und insbesondere ÖVP hätten gezielt gegen die Studie lobbyiert.

Und selbst 2015 in seinen universitätspolitischen Anekdoten kochte Van der Bellen das Thema erneut auf – und versuchte zugleich, sämtliche Kritik an seinen Forschungen

---

174 *Van der Bellen, Alexander (1990): „Die Rüstungskonversionsstudie – Anmerkungen zur Diskussionskultur in Österreich". In: Österreichische Zeitschrift für Politikwissenschaft 1/1990, S. 99-103.*

und Publikationen gemeinsam mit seinem Grünen-Freund der ersten Stunde, Peter Pilz, abzuschmettern:

> *„Als Peter Pilz und ich 1984 eine Studie über die wirtschaftlichen Perspektiven – düster, sehr düster – der österreichischen Rüstungsindustrie vorstellten, gab es Aufruhr bei SPÖ, ÖVP und FPÖ und jede Menge Interventionen und abwertende Kommentare von deren Seite, aber meine Kollegen am Institut hoben nicht einmal die Augenbrauen. Als Dekan der SOWI-Fakultät hatte ich natürlich zahlreiche Policy-Entscheidungen zu fällen und Verhandlungen mit dem Ministerium zu führen, aber das war reine Sachpolitik."*

Als „Boulevard-Ökonom" für die grüne Sache

Ab den frühen 1990er Jahren setzte Alexander Van der Bellen seine volkswirtschaftliche Expertise überwiegend zur Förderung seiner neuen politischen Heimat ein – der Grünen. Aufsätze wie „Berühmt-Berüchtigt: Sparpaket ‚95" (1995), „Die ökologische Wirtschaftsoffensive" (1995), „Das Budgetprogramm der Grünen" (1995), „Ökosteuern und Ökobilanzen" (1996), „Das Euro-Volksbegehren der FPÖ" (1997) oder „Die Torheit der Regierenden: Die EU-Sanktionen und ihr Ende" (2000) lassen ihre politische Richtung bereits in den Titeln erkennen und sind überwiegend auch von Grünen Institutionen wie der Bildungswerkstatt oder dem Parlamentsklub verlegt worden.

Nach Van der Bellens Karenzierung als Universitätsprofessor im Jahr 1999 reißt seine wirtschaftswissenschaftliche Publikationstätigkeit nahezu vollständig ab. Die Suchergebnisse im Bibliothekskatalog erschöpfen sich hauptsächlich in Medienartikeln über ihn als Politiker. Als Bundespräsident wirkt Alexander Van der Bellen hauptsächlich als Spender von Vorworten, wobei seine Lieblingsthemen dabei „Europa“ im Sinne der unbedingten EU-Gefolgschaft Österreichs und die Bundesverfassung sind. Wer sich gerade zum letzteren Thema angesichts der Beschwörung von Schönheit und Eleganz großen wissenschaftlichen Tiefgang erwartet, wird enttäuscht. Van der Bellens Vorwort „Über die Schönheit unserer Bundesverfassung“, erschienen im Buch „100 Jahre Verfassung“,[175] umfasst gerade einmal sechs kurze Absätze und füllt knapp mehr als eine Buchseite.[176] Dennoch wird sich so mancher Österreicher angesichts der Erfahrungen der letzten zweieinhalb Jahre verhöhnt vorkommen, wenn Van der Bellen als letzten Satz über die Verfassung schreibt:

> *„Sie schützt die Bürgerinnen und Bürger vor jeglicher Willkür, sie garantiert uns, dass wir alle in Würde und Freiheit leben können, und sie dient unserem friedlichen Zusammenleben.“*

Plattitüden wie diese lassen erahnen, dass es Alexander Van der Bellen nicht allzu schwer gefallen sein dürfte, von den

---

175 *Van Der Bellen, Alexander (2020): „Über die Schönheit der Bundesverfassung“. In: Hilpold, P./Matzka, M./Hämmerle, W. (Hg): 100 Jahre Verfassung. Wien: Facultas, S. 10-11.*

176 *https://www.facultas.at/zinfo/9783708920559/Leseprobe.pdf*

Höhen der Wissenschaft in die Niederungen der Politik abzusteigen. Dass es mit Peter Pilz ausgerechnet ein früheres Mitglied der „Gruppe Revolutionärer Marxisten" (GRM) war, das ihn in Kontakt mit seiner letztlichen politischen Heimat brachte, wirft nicht nur einen weiteren Schatten auf die Zusammenarbeit der beiden zum Thema Rüstungsindustrie, sondern lässt auch die politische Grundierung des späten „Professors" erahnen: gegenüber der Linken bis in ihre radikalen Auswüchse bedenkenlos tolerant, gegenüber Konservativen oder gar Rechten jedoch zutiefst ablehnend.

Professor Van der Bellen und Doktor Pilz

Die Toleranz gegenüber Links ging sogar soweit, dass er seinem Protegé Pilz als „Doktorvater" ein recht bescheidenes Werk als Dissertation durchgehen ließ. Das Online-Medium „unzensuriert.at" las die „184 locker bedruckten Seiten" durch[177] und stieß dabei zum Thema „Ökonomische Bedeutung der Einführung neuer Medien in Österreich" auf spannende Passagen wie etwa diese:

> *„Angesichts der zu erwartenden wirtschaftlichen Entwicklung in den 80er-Jahren erscheint es als zweifelhaft, daß sich die behandelten neuen Medien in dem von ihren Betreibern erhofften Ausmaß durchsetzen werden können. [...] Wenn sich heute eine Flaute im Geschäft mit den neu-*

---

177 *https://www.unzensuriert.at/content/003731-pilz-dissertation-zu-duenn-fuer-ein-plagiat/*

en Medien abzeichnet, wenn man getrost feststellen kann, daß sich die Bedürfnisse nach mehr Fernsehen via Kabel und Satellit und nach BTX in doch eher engen Grenzen halten, stellt sich die Frage, warum weiter an einer baldigen Einführung bzw. an einem weiteren Ausbau dieser Medien gearbeitet wird."

Hätte sich die Welt an Peter Pilz' wissenschaftliche Prognosen gehalten, gäbe es bis heute kein Internet…

Die freundliche Begutachtung der eher seichten Dissertationsschrift mag ein Hinweis darauf sein, dass Alexander Van der Bellen – ob in der eigenen Tätigkeit oder in der Beurteilung anderer – weniger an der Wissenschaft und ihrem Potential als an den politischen Möglichkeiten des Wissenschaftsbetriebs interessiert war, kurz gesagt also an jenem legendären „Marsch durch die Institutionen", den die Linke seit 1968 beharrlich geht.

Ein gestaltendes Eingreifen in die Wissenschaftspolitik wie auch in andere Bereiche war ihm in seiner Abgeordnetentätigkeit im Parlament nur in sehr geringem Ausmaß vergönnt, schafften es die Grünen doch in dieser Zeit kein einziges Mal in die Bundesregierung. Koalitionsgespräche mit der ÖVP im Jahr 2002 nach dem Bruch der damaligen schwarz-blauen Regierung scheiterten unter Van der Bellen als grünem Verhandlungsführer.

Doch um die politischen Rahmenbedingungen der Universitätsangehörigen scheint es Van der Bellen ohnehin nur so lange gegangen zu sein, solange er selbst in der Lage war, von Veränderungen zu profitieren. Denn die sich ihm am Ende seiner parteipolitischen Karriere für die Grünen bietende Gelegenheit ließ er praktisch ungenutzt.

Universitätsbeauftragter – Wo war seine Leistung?

Nachdem die Grünen bei der Nationalratswahl 2008 mit nur knapp über zehn Prozent ein schwaches Ergebnis eingefahren hatten, zog sich Alexander Van der Bellen als Bundessprecher zurück und übergab an Eva Glawischnig. Die geplante Übersiedlung vom Nationalrat in den Wiener Landtag zögerte er jedoch gekonnt hinaus. Van der Bellen nahm das im Oktober 2010 errungene Wiener Landtags- und Gemeinderatsmandat zunächst nicht an und bequemte sich erst im Juli 2012, das Parlament als Dienstort gegen das Rathaus einzutauschen. Gleichsam als „Überleitungsjob" diente ihm dabei die ehrenamtliche Funktion eines „Beauftragten der Stadt Wien für Universitäten und Forschung", die er im Februar 2011 antrat und im Herbst 2015 gleichzeitig mit seinem Ausscheiden aus dem Wiener Landtag wieder aufgab.

Bereits während dieser rund viereinhalb Jahre äußerte insbesondere die damalige Opposition aus FPÖ und ÖVP in Wien massive Kritik an der nicht erkennbaren Leistung Van der Bellens. Zugegebenermaßen hatte er sich selbst die Latte nicht allzu hochgelegt. Auf der noch heute – 2022! – unverändert online auffindbaren Seite des Wiener Universitätsbeauftragten beschreibt er seine Rolle primär als Vermittler von

Gesprächen mit „Blick über den Tellerrand“ und als „Sprachrohr der Wissenschafts-Community“.[178] Als ebenso unbestimmte Eckpfeiler seiner Tätigkeit nennt er Dialog, Analyse von Stärken und Problemfeldern, regelmäßige Berichte, internationalen Austausch und Nachwuchsförderung.

Unverändert bis heute online: Die Webseite des Wiener Universitätsbeauftragten Alexander Van der Bellen. Er hinterließ offenbar keine große Lücke.

Schallende Ohrfeige durch Wiener Rechnungshof

So spärlich die Ergebnisse des Universitätsbeauftragten Van der Bellen auch waren, so verschlang seine Tätigkeit – auch wenn er selbst sie ehrenamtlich verrichtete – doch einiges an Geld. Der Wiener Stadtrechnungshof stellte dem über den „Wiener Wissenschafts-, Forschungs- und Technologiefonds“ (WWFT) abgewickelten Projekt im Jahr 2017 auf Prüfersuchen der FPÖ hin ein vernichtendes Zeugnis aus.[179]

---

178 *http://www.universitaetsbeauftragter-wien.at/meine-rolle/*

179 *https://www.stadtrechnungshof.wien.at/berichte/2017/lang/04-30-StRH-I-6-16.pdf*

Dabei werden die Kosten penibel aufgelistet und es wird festgehalten, dass die widmungsgemäße Verwendung des Geldes nicht nachweisbar war. Besonders spannend: Den höchsten Betrag machten die Spesen aus.

> *„In den Jahren 2011 bis 2015 wurden dem WWTF nach jährlicher Genehmigung durch den Gemeinderat Förderungsmittel in der Höhe von insgesamt 1,05 Mio. EUR ausbezahlt. Wie im Bericht noch detailliert dargestellt, wurden damit die Personalkosten von rd. 457.000,-- EUR, die Spesen von rd. 480.000,-- EUR und die Büroaufwendungen von rd. 113.000,-- EUR abgedeckt.*
>
> *Festgestellt wurde, dass in keinem der fünf Förderungsjahre dokumentierte Ergebnisse über die von der Magistratsabteilung 7 durchgeführten jährlichen Abrechnungsprüfungen vorlagen, aus denen die widmungsgemäße Verwendung bzw. bedarfsorientierte Sicherstellung der Förderungsmittel abgeleitet hätte werden können."*

Als besonders intransparent qualifizierte der Wiener Stadtrechnungshof die im Rahmen des Spesenbereichs „Veranstaltungen" (rund 175.000 Euro) durchgeführten Kooperationen mit verschiedenen Organisationen:

> *„Anhand der vorgelegten Unterlagen war nicht erkennbar, ob der WWTF die ordnungsgemäße Verwendung der im Rahmen der jeweiligen Kooperationsvereinbarung gewährten finanziellen Unterstützung prüfte. Zudem war die Entscheidungsgrundlage für eine finanzielle Unter-*

stützung von Dritten zum Zeitpunkt der Prüfung nicht ersichtlich."

Gleiches gilt für die (wissenschaftlichen) Studien, welche der Universitätsbeauftragte Van der Bellen für insgesamt knapp 143 000 Euro in Auftrag gab:

„Eine Beurteilung, ob diese Leistungen auch zu den marktüblichen Preisen angeboten wurden, war dem Stadtrechnungshof Wien jedoch aufgrund fehlender Vergleichsangebote nicht möglich."

Die vernichtende Bilanz seiner Arbeit, vorgelegt im November 2017 durch den Wiener Stadtrechnungshof, focht Alexander Van der Bellen nicht mehr an. Er war zu diesem Zeitpunkt bereits Bundespräsident. Die Mainstream-Medien thematisierten die schallende Ohrfeige so gut wie gar nicht oder rückten sie sogar in ein positives Licht.[180]

Das verhinderte Ende einer durchschnittlichen Karriere

Und dennoch hätte mit dem Abgang Van der Bellens als Landtagsabgeordneter und Wiener Universitätsbeauftragter eine Karriere enden können, die sowohl in Wissenschaft als auch Politik höchst durchschnittlich verlief und deren Leistungen nicht erklären können, warum Van der Bellen in bei-

180 *https://www.sn.at/politik/innenpolitik/wiener-stadtrechnungshof-laesst-van-der-bellen-ungeschoren-18927457*

den Bereichen – hier als Dekan, dort als Klubobmann und Bundessprecher einer Parlamentspartei – mit hohen Funktionen dekoriert wurde. Sie hätte enden können… wenn nicht ein Jahr später die beiden Regierungsparteien SPÖ und ÖVP mit Rudolf Hundstorfer und Andreas Khol noch schwächere Kandidaten für die Bundespräsidentenwahl aufgeboten hätten und sich das politische Establishment von Grün über Rot und Pink bis Schwarz notgedrungen hinter Van der Bellen versammeln musste. Der Rest ist bekannt und in den Augen vieler nicht einmal mehr durchschnittlich.

Grünes Netzwerk.
Van der Bellens Verbündete in Politik, Wirtschaft und Kommunikation

Müsste man dem amtierenden Bundespräsidenten Alexander van der Bellen ein Wappentier zuordnen, das seiner Persönlichkeit entspricht, dann könnte man sich nach intensivem Studium seines bisherigen beruflichen und politischen Lebens durchaus für das Chamäleon entscheiden.[181]

Diese „Chamäleon-Existenz“ färbte auch auf viele seiner Wegbegleiter ab. Die Seilschaften, Kooperationen, die Verbindungsmänner und -frauen, die Helfershelfer, die mit ihm und durch ihn den Marsch durch die Institutionen in den letzten Jahrzehnten vollzogen haben, sind vielfältig und sonder Zahl im politischen Biotop Österreichs und insbesondere der Bundeshauptstadt Wien auffindbar. Schlingpflanzen und Zellteilungen, aber auch das politische „Schmiere stehen“ und die „gesunden Geschäfte“ sind der kleinste gemeinsame Nenner, der diese Gruppe zusammenhält, die sich hochmütig gern als die Speerspitze der „Zivilgesellschaft“ sieht.

Auch wenn es gelegentlich im rot-grün-pinken politischen Wolfsrudel Bisswunden gibt, weil sich das „Eigene“ gegen sich selbst richtet, nimmt man in der Sekunde Witterung

---

181 https://www.bundespraesident.at/aktuelles/detail/lebenslauf-alexander-van-der-bellen

auf, wenn es gegen Dritte geht, die der eigenen ideologischen Perspektive nicht entsprechen. Auch wenn es immer wieder zu Zellteilungen kommt, dienen diese einzig und allein dazu, die ideologische Schlingpflanze weiter zu verbreiten. Und dieses Projekt floriert als Geschäftsidee seit Jahren und hat nicht zufällig eine „Chamäleon Existenz“ wie Alexander van der Bellen ins höchste Amt in dieser Republik transportiert.

Viele der VdB-Wegbegleiter kamen so ganz nebenbei zu Wohlstand und vollen Auftragsbüchern. Einige aus dieser Herr- und Frauenschaft wollen wir hier vorstellen. Alle zu nennen, wäre eine Herkulesaufgabe, die ein Zeithistoriker einmal umsetzen könnte. Geblieben ist Van der Bellens Existenz als eine Art ideologischer Zauberwürfel, der in seinen bald vollendeten acht Jahrzehnten an Lebenszeit fast alle Farben gespielt oder widergespiegelt hat.

Kommunikatoren und Geschäftemacher

Martin Radjaby-Rasset

Der aktuelle Wahlkampfleiter der VdB-Präsidentschaftskampagne 2022, Martin Radjaby-Rasset, ist ein umtriebiger Wegbegleiter Van der Bellens. Radjaby-Rasset zog sich seine kommunikationspolitischen Kinderschuhe im Staatsrundfunk ORF an. Er leitete die Programmgestaltung des ORF-Hitradio Ö3 und zeichnete auch für die ORF-PR-Aktionen „Ö3 Wundertüte“ oder „Team Österreich“ verantwortlich.

2011 bis 2015 leitete Radjaby-Rasset als Kommunikationschef die Propagandamaschine der grünen Bundespartei unter Van der Bellens Nachfolgerin im Parteivorsitz, Eva Glawischnig. 2015 wechselte er zur damaligen Wahlkampfagentur der Grünen, „Jung von Matt/Donau". Auch dort betreute er federführend seine Partei weiter. Das ideologische „Leit-Projekt" in diesem Zusammenhang war die VdB-Präsidentschaftskampagne 2016.

Von September 2017 bis Februar 2021 war Radjaby-Rasset in der Erste Group, Bereich „Group Brand & Communication". Engagiert wurde er von keinem Geringeren als dem langjährigen Erste-Generaldirektor Andreas Treichl, der von 2008 bis 2020 an der Spitze der Bank stand. Treichl war in den Jahren 1991 bis 1997 ÖVP-Bundesfinanzreferent gewesen und fiel auch als Teilnehmer an einigen Bilderberg-Treffen sowie als Mitglied der „Trilateralen Kommission Europa" auf. Angesichts der großen beruflichen Schützenhilfe des „schwarzen" Treichl für Van der Bellens „grünen" Chef-Propagandisten verwundert es nicht, dass der Bundespräsident am 6. Oktober 2019 höchstrangiger Festredner und Ehrengast bei der 200-Jahre-Feier der Erste Group war.

In den letzten Jahren war Radjaby-Rasset einer der Geschäftsführer der Werbeagentur Jung von Matt/Donau (Österreich) und betreute unter anderem Kunden wie Erste Bank und Sparkassen, den Staatsrundfunk ORF und den ORF-Sender „Hitradio Ö3" – also seine ehemaligen Brötchengeber. Ein Schelm, wer hier an „Zufälle" denkt.

Seit der grünen Regierungsbeteiligung klingelt für die Agentur Jung von Matt/Donau so richtig die Registrierkasse. Vor allem das grün geführte Klimaministerium unter „Chefideologin“ Leonore Gewessler wurde zu einem treuen Kunden von Jung von Matt und ihres Parteigenossen Martin Radjaby-Rasset. Das von Peter Pilz gegründete Online-Medium „zackzack“ vermerkt dazu:

> *„Für den Klimarat – ebenfalls ein Projekt des Gewessler-Ministeriums – sind dabei 124.000 Euro für Agenturleistungen für „Jung von Matt" vorgemerkt. Und die enge Zusammenarbeit zeigt sich auch noch in weiteren Kampagnen, wie zum Beispiel beim Klimaticket: allein im zweiten Halbjahr 2021 flossen hier 465.000 Euro für Werbeleistung an die Agentur.“*[182]

Noch viel mehr herausspringen dürfte für Jung von Matt aus dem Gewinn eines Rahmenvertrags der Bundesregierung über insgesamt 30 Millionen Euro für die Jahre 2020 bis 2024. Die Agentur darf sich diesen üppigen Kuchen mit zwei Bietergemeinschaften teilen.[183] Und auch bei den größten Corona-Kampagnen war man an Bord. Für das Rote Kreuz wurde „Schau auf dich, schau auf mich“ mitgestaltet, übrigens gemeinsam mit einer Agentur mit ausgeprägter ÖVP-Nähe. Radjaby-Rasset, damals noch bei der Erste

---

182 *https://zackzack.at/2022/07/13/reparaturbonus-des-klimaministeriums-600-000-euro-fuer-jung-von-matt*

183 *https://www.derstandard.at/story/2000127274226/regierungswerbung-30-millionen-euro-rahmen-fuer-kreativleistungen-vergeben*

Bank unter Vertrag, ließ wissen, dass er unentgeltlich an der Kampagne mitwirke.[184] Zur Kampagne „Österreich impft“ trug Jung von Matt unter anderem die vielkritisierten Schüttelreime bei, die junge Menschen zur Impfung animieren sollten (z.B.: Alle gehen in den Club. Nur nicht Jochen, der ist noch nicht gestochen“).[185] Aber auch mit der „Martin Radjaby Rasset Strategie & Kommunikation KG“, die sich mittlerweile „Radjaby Reset GmbH“[186] nennt, soll Van der Bellens Kommunikator „dick“ im Werbegeschäft im Umfeld der „Zivilgesellschaft“ sein. Ob der Name „Reset“ mit Great Reset zu tun hat? Wer weiß?

Lothar Lockl

Ein Bruder im Geiste von Martin Radjaby-Rasset, ebenfalls sehr geschäftstüchtig als Teil der grün-affinen „Zivilgesellschaft“ und eifriger langjähriger Chef-Propagandist der Grünen, war und ist Lothar Lockl. Er verdiente sich zwischen 1989 und 2000 seine ersten kommunikationspolitischen Sporen als Pressesprecher der Umweltschutzorganisation Global 2000. Im Jahr 2000 holte ihn der damalige Bundessprecher Alexander Van der Bellen als Kampagnenleiter und Kommunikationschef zur grünen Bundespartei, die er ab 2006 als Generalsekretär (Bundessekretär) managte.

---

184 *https://www.diepresse.com/5800653/wer-hinter-der-corona-kampagne-des-roten-kreuzes-steht*

185 *https://www.derstandard.at/story/2000130445166/neue-impfkampagne-fuer-junge-wenn-sich-jochen-auf-gestochen-reimt*

186 *https://www.firmenabc.at/radjaby-reset-gmbh_zpEe*

Im Jahr 2009 kehrte Lockl der „offiziellen Parteipolitik" den Rücken und ging in die sogenannte „Strategie- und Kommunikationsberatung". Im Rahmen der VdB-Präsidentschaftskampagne 2016 war er dann gemeinsam mit Martin Radjaby-Rasset Wahlkampfleiter für seinen Ex-Parteichef. Diesem folgte er Anfang 2017 auch als Berater in die Präsidentschaftskanzlei. Dieses Engagement soll sich die Amtsschatulle der Präsidentschaftskanzlei jährlich 77.000 Euro brutto kosten haben lassen.[187]

Aktuell betreibt Lockl die Kommunikationsagentur „Lockl & Keck". Zu den „Premium-Kunden" dieser Agentur zählen unter anderem das Klimaschutzministerium von Leonore Gewessler und das Sport- und Kunstministerium von Vizekanzler Werner Kogler.

Doch die mit Steuergeld finanzierte „Zivilgesellschaft" erweist sich gegenüber Lockl schon seit Jahren dankbar. Bereits im Jahr 2018 sollen rund 15 Prozent der Werbeausgaben des Umweltministeriums an das damalige Konsortium aus Lockl & Keck und der „Brainbows Informationsmanagement GmbH", deren Geschäftsführerin die Ex-Grünen-Politikerin Monika Langthaler ist, gegangen sein. Ressortverantwortlich damals: ÖVP-Landwirtschafts- und Umweltministerin Elisabeth Köstinger. Und ab dem Start der „Expertenregierung" soll dieses grün-grüne Werbekonsortium mit jeweils rund 300.000 Euro erneut die mit Ab-

187 *https://kurier.at/politik/inland/van-der-bellen-berater-lockl-erhielt-77600-euro-honorar-pro-jahr/401949091*

stand höchstdotierten Aufträge im Bereich Öffentlichkeitsarbeit aus diesem Ministerium erhalten haben.[188]

Diese Erfolgsstory setzte sich fort.[189] Aus dem Gewessler-Ressort für Klima- und Umweltschutz erhielt das Konsortium Lockl & Keck/Brainbows im ersten Halbjahr 2020 einen Auftrag in der Höhe von knapp 300.000 Euro und im zweiten Halbjahr einen Auftrag in der Höhe von rund 350.000 Euro.[190] Im ersten Halbjahr 2021 erhielten die beiden grünen Agenturen mit rund 300.000 Euro ebenfalls höchstdotierte Werbeaufträge.[191] Insgesamt sollen die PR-Ausgaben allein des von Leonore Gewessler geführten Umwelt- und Klimaministeriums in Richtung Lockl & Co. bis 2022 insgesamt 1,9 Millionen Euro aus Steuermitteln umfassen.[192]

Auch sonst lebt Lockl das machtpolitische „Familien-Prinzip" mit ökonomischer Boni-Komponente. Nach der grünen Regierungsbeteiligung wurde Lockl Mitglied des ORF-Stiftungsrates. Und in einem „Sideletter" ließen sich die Grünen vom damaligen ÖVP-Chef und Bundeskanzler Sebastian Kurz auch gleich den ORF-Stiftungsratsvorsit-

---

188 *https://exxpress.at/so-verteilt-gewessler-steuergeld-an-den-gruenen-freundeskreis-mit-lockl-langthaler/*

189 *https://www.derstandard.at/story/2000134416729/kritik-an-staatlichen-auftraegen-an-ex-gruenen-lockl*

190 *https://www.parlament.gv.at/PAKT/VHG/XXVII/AB/AB_03180/imfname_843966.pdf#page=12*

191 *https://www.parlament.gv.at/PAKT/VHG/XXVII/AB/AB_05329/imfname_942088.pdf#page=5*

192 *https://exxpress.at/lothar-lockl-casht-bei-klimaministerin-gewessler-ab-19-millionen-euro-fuer-pr/*

zenden versprechen. Diese Funktion bekam Lockl 2022 als „Sahnehäubchen" zu seinen lukrativen Geschäftsbeziehungen zu den grün geführten Bundesministerien gleich mit dazu. Im Stiftungsrat überwacht Lockl für die Grünen und wohl auch den grünen Bundespräsidenten die Berichterstattung des Staatsrundfunks. Damit nicht genug, soll die Kommunikationsagentur Lockl & Keck seit dem grünen Regierungseintritt 2020 auch einen dreijährigen Rahmenvertrag mit der Bundesbeteiligungsholding ÖBAG[193] unterhalten. ÖBAG-Vorstand 2019 bis 2021 war kein geringerer als ein gewisser Thomas Schmid.

Monika Langthaler

Eine Schwester von Martin Radjaby-Rasset und Lothar Lockl in Sachen „grüner Ökonomie" ist Monika Langthaler.[194] Langthaler saß mit ihrem Ex-Bundessprecher Alexander van der Bellen 1994 bis 1999 gemeinsam für die Grünen im Nationalrat.[195] Im Jahr 1999 verließ Langthaler die aktive Parteipolitik, um als Unternehmerin im Umfeld von „Zivilgesellschaft" und Politik ihre gut belegten Brötchen zu verdienen. Dabei entwickelte sich Langthaler zu einer wahren Posten- und Positionensammlerin sowie zu einer Verbindungsfrau zur schwarzen Reichshälfte und zu einflussreichen Wirtschaftskreisen: Vorstandsmitglied und

193 *https://www.derstandard.at/story/2000134416729/kritik-an-staatlichen-auftraegen-an-ex-gruenen-lockl*

194 *https://de.wikipedia.org/wiki/Monika_Langthaler*

195 *https://www.parlament.gv.at/WWER/PAD_00785/index.shtml*

Vizepräsidentin des Ökosozialen Forums (2009),[196] Vorstandsmitglied der „Friends Of Education Africa in Austria" (2010), Mitglied des wissenschaftlichen Beirats der Denkfabrik (2011), Kooperationspartner R20 Regions of Climate Action (2012), Mitglied des Aufsichtsrats der Allianz Elementar Versicherungs-AG (2014) und stellvertretende Aufsichtsratsvorsitzende (2019), Direktorin und Organisatorin des jährlichen Austrian World Summit (2017) und Vorstandsmitglied der neuen Austrian World Summit – The Schwarzenegger Climate Initiative (2019).

Im Jahr 2000, als Langthaler die Politik nach neun Jahren als Nationalratsabgeordnete und Umweltsprecherin verließ, gründete sie mit ihrem Referenten im Grünen Parlamentsklub, Christian Nohel, die Firma „Brainbows". Diese beiden bildeten vor 22 Jahren das Gründungsgeschäftsführer-Duo. Heute ist als dritter Geschäftsführer und Gesellschafter der aus dem grünen Wiener Landtagsklub kommende Martin Weißhäupl mit im Boot. Monika Langthaler war ebenfalls integrativer Teil eines rot-schwarz-grün-pinken Lobbying-Netzwerks, das unter dem Namen „Leading Advisory Group" von Finanzmarktberatung bis Meinungsforschung alle Agenden abzudecken schien. Mit dabei: Peter Filzmaier, Sophie Karmasin, Dietmar Ecker, Gregor Schönstein, Monika Langthaler, Christian Nohel, Helmut Brandstätter, Wolfgang Rosam.

---

196 https://www.ots.at/presseaussendung/OTS_20111110_OTS0072/fpoe-kickl-land-der-unbegrenzten-zufaelle-gruene-tief-im-lobbying-sumpf-verstrickt

In der „Leading Advisory Group“ fanden sich neben Brainbows etwa die Firma des ehemaligen SPÖ-Kommunikationschefs Dietmar Ecker („Ecker&Partner“), eine Lobbyingfirma unter Beteiligung der ehemaligen ÖVP-Ministerin und Ex-Ehefrau von Alfons Mensdorff-Pouilly, Maria Rauch Kallat („public interest“), eine Lobbyingfirma des ehemaligen Grünen Kommunikationschefs Lothar Lockl („Lockl Strategie“), eine Firma des ÖVP-Langzeitberaters Wolfgang Rosam („Rosam Change Communications“), eine Social-Media-Firma sowie ein prominentes, nach außen hin unabhängiges Meinungsforschungsinstitut der ehemaligen ÖVP-Familienministerin Sophie Karmasin („Market Intelligence GmbH“). Damit war und ist Monika Langthaler längst Teil eines Systems, das darauf ausgerichtet ist, Entscheidungsabläufe in Politik und Wirtschaft ganz massiv mit zu steuern und zu beeinflussen.

Dieses „bunte“ Lobbyistensystem, in dem die Firma der Grünen Monika Langthaler, Brainbows, bis heute ein fester Bestandteil ist,[197] war auch durch wechselseitige Firmenbeteiligungen verzahnt. An der Firma des Ex-Grünen-Kommunikationschefs Lothar Lockl etwa war Brainbows mit 15 Prozent beteiligt. Der ehemalige SPÖ-Kommunikationschef Dietmar Ecker (Ecker & Partner) und der ÖVP-Berater Wolfgang Rosam (Rosam Change Comunications) waren wiederum in Langthalers Firma Brainbows Minderheitsgesellschafter. Und bei der Firma public interest waren ne-

197 *https://exxpress.at/so-verteilt-gewessler-steuergeld-an-den-gruenen-freundeskreis-mit-lockl-langthaler/*

ben Mensdorff-Pouillys Ehefrau Maria Rauch-Kallat („Mrk Consult") der ehemalige SPÖ-Kommunikationschef Dietmar Ecker und der ÖVP-Berater Wolfgang Rosam beteiligt. Nicht zu vergessen, dass bei der Social-Media-Firma Digital Affairs wiederum Dietmar Ecker mit seiner SPÖ-nahen Agentur Anteile hielt.

Die Kundenliste von Langthalers Firma Brainbows wiederum reichte auch schon in Zeiten grüner Opposition und der Ära von Alexander Van der Bellen als Bundessprecher in alle staatsnahen Bereiche. Schon damals entstammten die zentralen Kunden dem ÖVP-Bereich des Landwirtschafts- und Umweltministeriums, aber auch des Wirtschaftsministeriums. Sowohl unter dem ehemaligen Bundesminister Josef Pröll als auch seinem Nachfolger Nikolaus Berlakovich[198] kam es immer wieder zu umfangreichen Beauftragungen. Projekte wie der Nachhaltigkeitsbericht (2004), Modellregionen ohne Einsatz von Genveränderten Organismen (2004), der Vergleich der Klimastrategien einiger EU-Mitgliedstaaten (2005), der Emissionshandel als Chance für die österreichische Wirtschaft (2006), die Energiestrategie Österreich (2009/2010), die Erstellung und Umsetzung eines Nachhaltigkeitskonzepts für die UEFA-EURO 2008 (2006-2008), der Jahresbericht „Schutz vor Naturgefahren" (2008), die Biodiversitätskampagne „vielfaltleben" (2009/2010) sowie die redaktionelle Betreuung der Homepages lebensmittelnet.at[199],

---

198 *https://www.ots.at/presseaussendung/OTS_20111109_OTS0099/fpoe-kickl-gruenes-netzwerk-laeuft-wie-geschmiert*

199 *https://info.bml.gv.at/themen/lebensmittel.html*

biolebensmittel.at[200], nationalparks.at[201], die Erstellung von www.klimastrategie.at[202], eu-emissionshandel.at und umweltamball.at[203] wurden von den beiden ÖVP-geführten Ministerien bei Langthalers Brainbows beauftragt. Ebenfalls kam es im Umweltbundesamt in den Jahren 2004 bis 2008 zu einer Beauftragung Langthalers für „strategische Beratung". Und auch die Bundesforste waren Auftraggeber.

Daneben versorgte auch das ÖVP-geführte Land Niederösterreich die Grüne Langthaler mit Aufträgen. Aber auch die SPÖ-geführte Stadt Wien engagierte sich als Kunde: „Wien macht sich Luft. Was Wien gegen Feinstaub tut" (2005), „Wien isst Bio. Bio-Guide Wien" (2006, 2007, 2008) sowie „Urbane Luftinitiative Wien – Grundlagen für eine Wiener Luftstrategie" (2007) zählten zu den an Brainbows vergebenen Projekten Besondere Aufträge gab es für Langthaler anlässlich der Fußball-Euro 2008[204] direkt aus dem damals Alfred Gusenbauer unterstehenden Kanzleramt. Und der seinerzeitige rote Generaldirektor des ORF, Alexander Wrabetz vergab gemeinsam mit seinem grünen Kommunikationschef Pius Strobl einen Auftrag unter dem Titel „Der ORF

---

200 *https://info.bml.gv.at/themen/landwirtschaft/bio-lw.html*

201 *https://www.bmk.gv.at/themen/klima_umwelt/naturschutz/nationalpark.html*

202 *https://www.bml.gv.at/umwelt/klimaschutz/klimapolitik_national/klimastrategie.html*

203 *https://www.bmk.gv.at/themen/klima_umwelt/nachhaltigkeit/green_events/netzwerk/green_events_austria.html*

204 *https://www.ots.at/presseaussendung/OTS_20111025_OTS0053/fpoe-kickl-gruen-hochegger-monika-langthaler-naschte-unter-schuessel-ueberall-mit*

als klimaneutrales Unternehmen" (2009).[205] Gleichzeitig war Langthaler selbst ORF-Stiftungsrätin der Grünen.

Besondere Nähe in Sachen Aufträgen hatten Langthaler und ihre Firma auch immer zu staatsnahen Unternehmen aus der Verkehrs-, Telekom- und Energiebranche. Die Kunden waren und sind Unternehmen, die alle im Einfluss von Bundesministerien und der ÖIAG (heute ÖBAG) standen und stehen. Neben zahlreichen Studien in Sachen Nachhaltigkeit, Klima und Umweltschutz für die im Staatseigentum stehenden Firmen OMV und Verbund AG scheinen hier die Telekom und die ÖBB auf. Gleichzeitig ist Monika Langthaler auch Vorstandsmitglied des ÖVP-nahen „Ökosozialen Forums", das etwa unter der Präsidentschaft des Ex-ÖVP-Landwirtschaftsministers und EU-Kommissars Franz Fischler seinerzeit 733.000 Euro an Förderungen erhielt. Langthaler selbst wurde als Miteigentümerin der Firma „Filmhof Weinviertel" durch das Land Niederösterreich in der Ära von Landeshauptmann Erwin Pröll gefördert. Sie selbst war einige Jahre im Aufsichtsrat der Wiener Festwochen tätig. Als Top-Speakerin[206] wurde sie neben ihrem Parteifreund Alexander Van der Bellen seinerzeit von der Firma der ehemaligen Schüssel-Pressesprecherin Heidi Glück (ÖVP) engagiert. Heute ist sie dort mit Ex-ÖVP-Bundeskanzler Wolfgang Schüssel, Ex-ÖVP-Chef Reinhold Mitterlehner oder

---

205 *https://www.ots.at/presseaussendung/OTS_20111104_OTS0158/fpoe-kickl-wer-bezahlte-das-orf-werbevideo-fuer-langthalers-firma*

206 *https://www.ots.at/presseaussendung/OTS_20111024_OTS0088/fpoe-kickl-glueck-fuer-die-gruenen-top-job-bei-top-speaker*

Ex-SPÖ-Bundeskanzler Alfred Gusenbauer immer noch „aktiv".[207]

Die Gralsritter

Andrea Mayer

Die aktuelle Staatssekretärin für Kunst und Kultur im Vizekanzleramt des grünen Bundesparteiobmanns Werner Kogler zählt zu den „sozialdemokratischen Leiharbeitern" im Umfeld von Alexander Van der Bellen.[208] Neben der von Van der Bellen in der sogenannten „Expertenregierung" eingesetzten Familien-, Frauen- und Jugendministerin Ines Stiling – aktuell Generalsekretärin im grün geführten Sozial- und Gesundheitsministerium – und der Generalsekretärin im Vizekanzleramt, Eva Wildfellner, zählt Mayer zum rot-grünen Unterstützungspersonal für die grüne Regierungsbeteiligung seit 2020. Das SPÖ-Parteimitglied Mayer war viele Jahre in sozialdemokratischen Kabinetten, etwa bei den Ministern Rudolf Scholten (Unterricht und Kultur), Caspar von Einem (Wissenschaft und Verkehr) sowie Claudia Schmied (Unterricht und Kultur) tätig. Im Jahr 2015 brachte ihr das unter Kanzleramtsminister Josef Ostermayer die Position einer Sektionschefin für Kunst und Kultur im damaligen Bundeskanzleramt ein.

---

207 *https://www.topspeaker.at/redner.php*

208 *https://www.derstandard.at/story/2000053326416/andrea-ecker-ambitionierte-beamtin-fuer-den-praesidenten*

Im Februar 2017 berief sie der frisch angelobte Bundespräsident Alexander van der Bellen zur Kabinettschefin in die Präsidentschaftskanzlei. Die Unterstützung VdBs durch die Sozialdemokraten hatte sich für Genossin Mayer jedenfalls gelohnt. Neben Lothar Lockl als „Berater" bestimmte Mayer ganz wesentlich die politische Linie des grünen Staatsoberhaupts mit. Nach dem reichlich glücklosen Agieren der grünen Kunst- und Kultur-Staatssekretärin Ulrike Lunacek, die im Mai 2020 – also bereits fünf Monate nach ihrer Angelobung – wegen des anschwellenden Corona-Chaos das Handtuch werfen musste, wurde Mayer von Werner Kogler mit Wissen und Willen von Alexander Van der Bellen aus dem personalpolitischen Hut gezaubert.[209] Seitdem führt Mayer mit SPÖ-Genossin und Generalsekretärin Wildfellner und bis zu seinem Ausscheiden mit Kabinettschef Stefan Wallner, einem Ex-Generalsekretär der Grünen und Ex-Generalsekretär unter Rudolf Anschober im Sozialministerium, das Vizekanzleramt inklusive angegliedertem Bundesministerium für Kunst, Kultur, öffentlicher Dienst und Sport.

Unter Bundesminister Werner Kogler und Staatssekretärin Andrea Mayer wurden in den letzten Jahren auch großzügige Corona-Förderungen für parteinahe „Non Governmental Organisations" (NGOs), bevorzugt an ÖVP-nahe Institutionen und Organisationen ausgeschüttet, die nach massiver Rechnungshofkritik und einem medialen Rauschen im Blät-

---

209 *https://www.derstandard.at/story/2000117568806/spitzenbeamtin-andrea-mayer-wird-kulturstaatssekretaerinder-gruenen*

terwald jetzt wieder zurückgeholt werden sollen.[210] Staatssekretärin Andrea Mayer ist auch eine „Personalreserve" für eine von der politischen Linken und der „Zivilgesellschaft" als gesellschaftspolitisches Ziel angestrebte rot-grün-pinke Regierungskoalition nach dem Vorbild Deutschlands.

Stefan Wallner

Stefan Wallner ist ebenfalls ein langjähriger Weggefährte und Vernetzer in der „Zivilgesellschaft" rund um Alexander Van der Bellen. Wallner kommt aus dem linkskatholischen Milieu der Katholischen Hochschuljugend (KHJ), deren Generalsekretär er 1992 bis 1995 war. Aus der KHJ wechselte er zur ÖVP-nahen und wirtschaftsliberalen Julius-Raab-Stiftung[211] als Projektmitarbeiter für Sozialpolitik. Die Julius-Raab-Stiftung ist eine der unzähligen ÖVP-nahen „Satelliten-Organisationen", die in den letzten Jahren und Jahrzehnten rund um die Bünde der Mutterpartei gegründet wurden, um personell, organisatorisch und finanziell zu wirken. 2011 bis 2014 war im Übrigen der nachmalige ÖVP-Wirtschaftsminister und aktuelle Wirtschaftskammerpräsident bzw. Wirtschaftsbund-Obmann Harald Mahrer Präsident dieser Julius-Raab-Stiftung.

In den Jahren 1999 bis 2009 kehrte Wallner in das linkskatholische Milieu zurück und wurde Generalsekretär der

210 *https://www.kleinezeitung.at/politik/innenpolitik/6171237/NPOFonds_Kogler-fordert-mehr-als-80000-Euro-von-OeVPOrganisationen*

211 *https://www.juliusraabstiftung.at/*

österreichischen Caritas. 2009 wurde Wallner Nachfolger von Lothar Lockl als Generalsekretär der Grünen unter Van der Bellens Nachfolgerin Eva Glawischnig als Bundessprecherin. In seiner Funktion als grüner Generalsekretär managte er gemeinsam mit Martin Radjaby-Rasset den Bundespräsidentschafts-Wahlkampf für Alexander Van der Bellen. Anfang 2017 endete die Ära als grüner Generalsekretär und Stefan Wallner wechselte gemeinsam mit Martin Radjaby-Rasset in die Erste Group, wo er im Bereich „Brand Management and Company Transformation" eingesetzt war. Als Van der Bellen die schwarz-grüne Bundesregierung angelobte und Rudolf Anschober zum ersten grünen Sozial- und Gesundheitsminister der Republik ernannt wurde, wechselte Wallner als neuer Generalsekretariat ins BMSGPK.[212] Diese Funktion übte er bis Mai 2020 aus, um dann als Kabinettschef zu Vizekanzler Werner Kogler ins Bundesministerium für Kunst, Kultur, öffentlichen Dienst und Sport zu übersiedeln. Dort folgte er Dieter Brosz, einem Ex-Nationalratsabgeordneten der Grünen und Strippenzieher unter der ehemaligen grünen Bundesparteiobfrau Eva Glawischnig.

Wallner hatte die Kabinettschef-Position bei Vizekanzler Kogler[213] bis Ende April 2022 inne. In Wallners Ära bei Kogler[214] fiel der zweimalige Austausch eines grünen Sozi-

212 *https://www.diepresse.com/5770806/stefan-wallner-ab-maerz-generalsekretaer-im-sozialministerium*

213 *https://www.heute.at/s/wichtiger-vertrauter-von-vizekanzler-kogler-schmeisst-hin-100201144*

214 *https://www.derstandard.at/story/2000132374993/kabinettschefs-gstoettner-und-wallner-die-vorentscheider-im-politischen-backstage*

al- und Gesundheitsministers, von Rudolf Anschober und Wolfgang Mückstein. Zudem wurde die bedingungslose Koalitionstreue zum Regierungspartner ÖVP unter Sebastian Kurz, Alexander Schallenberg und aktuell Karl Nehammer von Seiten der Grünen mit Wissen und Willen von Bundespräsident Alexander Van der Bellen zelebriert. Auch das gesamte Corona-Regime über die unverhältnismäßigen Maßnahmen bis hin zur Einführung der Impfpflicht fallen in die Ära von Kabinettschef Stefan Wallner. Verheiratet ist er im Übrigen mit Saskia Wallner,[215] der Geschäftsführerin der Agentur „Ketchum Publico" (seit 2011), die bis 2004 im Eigentum des ÖVP-nahen Lobbyisten Wolfgang Rosam stand.

Robert Luschnik

Robert Luschnik ist der aktuelle „pinke Eideshelfer" der Grünen und des wiederkandidierenden Alexander Van der Bellen für das Amt des Bundespräsidenten. Seit Juli 2019 ist Luschnik Bundesgeschäftsführer der NEOS[216] unter Bundesparteiobfau Beate Meinl-Reisinger. Von 1996 bis 2001 war er jedoch Klubdirektor der Grünen im Wiener Rathaus, und von 2001 bis 2003 übte er die Funktion des Klubdirektors im grünen Parlamentsklub aus. Klubobmann und Bundessprecher was damals Alexander Van der Bellen.

Gemeinsam mit Van der Bellen und Eva Glawischnig führte Luschnik nach den Nationalratswahlen 2002 letztlich ergeb-

215 *https://www.marketingnatives.at/team/saskia-wallner/*

216 *https://www.vienna.at/neos-ehemaliger-gruener-wird-neuer-bundesgeschaeftsfuehrer/6143181*

nislose Koalitionsverhandlungen mit der ÖVP unter Wolfgang Schüssel. 2003 bis 2005 übte Luschnik die Funktion des Klubdirektors der Grünen im Niederösterreichischen Landtag aus. Ab 2005 wirkte er als Klubgeschäftsführer im grünen Parlamentsklub gemeinsam mit Doris Schmidauer, der aktuellen Ehefrau von Alexander van der Bellen. Im Rahmen der VdB-Präsidentschaftskampagne 2016 war Luschnik als Vorstandsmitglied des Wahlkampf-Vereins „Gemeinsam für Van der Bellen" für die rechtlichen Belange zuständig. Luschnik übte die Funktion des Zustellungsbevollmächtigten aus und nahm an der Verhandlung des Verfassungsgerichtshofs zur Aufhebung der Bundespräsidenten-Stichwahl vom 22. Mai 2016 teil. Im Jahr 2016 übernahm er auch noch die Bundesgeschäftsführung der Grünen.[217]

Luschnik, der während der aktuellen Amtsperiode Van der Bellens von den Grünen zu den NEOS wechselte, ist der ideale Verbindungsmann hinter den Kulissen zwischen den beiden Parteien zur Vorbereitung eines rot-grün-pinken Regierungsbündnisses. Auch im Präsidentschaftswahlkampf 2022 fungiert Luschnik als Vorstandsmitglied des Vereins „Gemeinsam für Van der Bellen". Daneben führt er auch noch sein Unternehmen „Luschnik Consulting"[218] und ist damit ein Branchenkollege der Präsidentenehefrau Doris Schmidauer.[219]

---

217 *https://www.derstandard.at/story/2000049450758/robert-luschnik-gruener-stratege-strippenzieher-schisieger*

218 *https://www.luschnik.at/*

219 *https://firmen.wko.at/mag-doris-maria-schmidauer/wien/?firmaid=5ef83e9e-0553-4e07-bfb1-f492fd3b843d*

Doris Schmidauer ist die „Frau Bundespräsident",[220] soll heißen die Ehefrau des amtierenden Staatsoberhaupts Alexander Van der Bellen. Im aktuellen „Privatberuf" ist Doris Schmidauer aber nicht nur Präsidentengattin[221], sondern auch Unternehmensberaterin. So jedenfalls wird sie bei der Wirtschaftskammer Österreich in Wien seit dem 2. März 2018 für den Standort Rechte Bahngasse 22/11, 1030 Wien geführt. Der genaue Wortlaut der Schmidauer'schen Gewerbeberechtigung lautet auf „Unternehmensberatung einschließlich der Unternehmensorganisation".[222] Dass Schmidauer als Frau des Bundespräsidenten die Möglichkeit hat, bei Wirtschaftsdelegationen Österreichs im Ausland in ihrer Rolle als Unternehmerin aufzutreten und sich so einen Vorteil aus der Funktion ihres Ehemanns als Staatsoberhaupt indirekt zu verschaffen, könnte noch Gegenstand parlamentarischer Untersuchungen werden.

Damit nicht genug, wurde die Bundespräsidenten-Ehefrau am 8. September 2020[223] durch die Kunst- und Kulturstaatssekretärin Andrea Mayer, vormals Kabinettschefin der Prä-

220 *https://de.wikipedia.org/wiki/Doris_Schmidauer*

221 *https://www.bundespraesident.at/fileadmin/user_upload/Lebenslauf_Doris_Schmidauer_de.pdf*

222 *https://firmen.wko.at/mag-doris-maria-schmidauer/wien/?firmaid=5ef83e9e-0553-4e07-bfb1-f492fd3b843d*

223 *https://www.oe24.at/oesterreich/politik/bundestheater-andrea-mayer-bestellt-frau-ihres-ex-chefs/445436824*

sidentschaftskanzlei, zur Aufsichtsrätin der Burgtheater GmbH[224] bestellt. Auch hier profitiert Schmidauer von ihrer „Mehrfachrolle" und den guten Beziehungen zur Bundesregierung bzw. zu einzelnen Protagonisten. Die Berufskarriere Schmidauers ist lupenrein „grün". Seit 1989 Parteimitglied der Grünen, war sie Mitarbeiterin des damaligen grünen Nationalrats Peter Pilz im Noricum-Untersuchungsausschuss. In den Jahren 1996 bis 1999 war Schmidauer parlamentarische Mitarbeiterin ihres jetzigen Ehemanns Alexander Van der Bellen. 1999 machte sie der grüne Partei- und Klubobmann Van der Bellen zu seiner Klubdirektorin im Parlament. Geheiratet hat sie ihn allerdings erst im Dezember 2015, kurz vor dem Beginn der VdB-Präsidentschaftskampagne. Die Funktion des Klubdirektors übte Schmidauer bis 2018,[225] auch noch nach dem damaligen Ausscheiden der Grünen aus dem Nationalrat, aus.

Die Helfershelfer

Peter Pilz

Peter Pilz war und ist mehr als vier Jahrzehnte ein Zeitgenosse und Wegbegleiter von Alexander Van der Bellen. Mitte der siebziger Jahre – in den besten Jahren des sozial-demokratischen „Sonnenkönigs" Bruno Kreisky – war der Jung-

224 *https://www.firmenabc.at/person/schmidauer-doris_jjfdvg*

225 *https://kurier.at/politik/inland/first-lady-doris-schmidauer-verlaesst-nach-fast-20-jahren-die-gruenen/307.843.244*

Marxist Pilz[226] nicht nur Student der Volkswirtschaftslehre beim nachmaligen Staatsoberhaupt Van der Bellen, sondern auch Mitglied des Verbandes der Sozialistischen Studenten Österreichs (VSStÖ). Dies war auch jene Zeitspanne, in der Van der Bellen – aufgewachsen in einer deutsch-baltischen Familie im stockkonservativen Tiroler Kaunertal – wohl nicht nur ausschließlich aus Karrieregründen dem „Muff von tausend Jahren" unter den Talaren der Rechts- und Staatswissenschaftlichen Fakultät Innsbruck zunehmend die Kameradschaft kündigte. Er ließ sich in der Ära der ersten roten Wissenschaftsministerin Herta Firnberg als SPÖ-Parteimitglied einschreiben und betätigte sich auch als „Logenbruder" in einem Hinterhofgebäude der Innsbrucker Freimaurerloge im bürgerlichen Stadtbezirk Saggen.

Die Jahre des Studiums verbrachte Van der Bellen in einem rechtskonservativen Milieu an der Leopold-Franzens-Universität in Innsbruck,[227] wo etwa noch 1967 – also am Vorabend der „1968er-Studentenbewegung" – bei den dortigen ÖH-Wahlen der CV-nahe christlich-konservative „Wahlblock" 1.531 Stimmen, der Ring Freiheitlicher Studenten (RFS) 762 Stimmen, der Verband Sozialistischer Studenten (VSStÖ) aber nur bescheidene 143 Stimmen und kein einziges Mandat erringen konnte. Studiert man die Vorlesungsverzeichnisse Mitte bis Ende der sechziger Jahre,[228] also während der aktiven Studentenzeit Van der Bellens, so findet man etwa

---

226 *https://de.wikipedia.org/wiki/Peter_Pilz*

227 *https://www.uibk.ac.at/universitaetsarchiv/studentenbewegung/*

228 *https://diglib.uibk.ac.at/ulbtirol/periodical/pageview/3320480*

in den Fächern der Volks- und Finanzwissenschaft mit den Professoren und Dozenten Stefan Koren (nachmaliger Finanzminister und Klubobmann der ÖVP), Clemens August Andreae (Finanzwissenschaftlicher Berater der ÖVP und der deutschen CDU/CSU sowie enger Freund und ideologischer Unterstützer des deutschen Verteidigungs- und Finanzministers bzw. bayrischen Ministerpräsidenten Franz Josef Strauß), Ferdinand Ulmer (ehemaliger Nationalsozialist und Spitzenfunktionär der Gauverwaltung Tirol-Vorarlberg, in den fünfziger Jahren VdU-Landesrat in Vorarlberg bzw. VdU-Bundesrat in Wien und Rektor 1963/64) oder Franz Aubele (mit dem nachmaligen deutschen Arbeitgeberpräsidenten Hanns-Martin Schleyer 1938/1939 Chef des NS-Studentenhilfswerks an der Universität Innsbruck) ein durchaus rechtes Milieu, in dem sich Van der Bellen als Student und angehender Wissenschaftler sozialisiert hatte. Parallel zu Van der Bellens Studienjahren bemühte sich Clemens August Andreae, Franz Josef Strauß in Wirtschaftswissenschaften zu promovieren, da das Umfeld für den konservativen deutschen Bundespolitiker in Innsbruck besonders attraktiv zu sein schien. [229]

Neue Perspektiven unter einer sozialdemokratischen Alleinregierung in Wien und einer roten Wissenschaftsministerin Firnberg, aber auch die Betreuung von linken Studenten wie Peter Pilz, der sich in der zweiten Hälfte der siebziger Jahre vom VSStÖ entfremdete und bei der kommunistisch-trotzkistischen Studentenpartei

229 *https://www.spiegel.de/politik/dr-inns-a-3367b039-0002-0001-0000-000046407101*

„Gruppe Revolutionärer Marxisten“ (GRM) Unterschlupf fand, ließen Van der Bellen an der Universität Wien und ihrem linken Milieu eine neue berufliche Perspektive erkennen. Der Sozialdemokrat und Freimaurer Van der Bellen habilitierte sich und wurde akademischer Volks- und Finanzwirt in Wien.

Parallel dazu machte auch sein Student Peter Pilz akademische Karriere und promovierte bei seinem Doktorvater Van der Bellen. Diese Zusammenarbeit, der zu Beginn der achtziger Jahre ein Forschungsauftrag über „Rüstungskonversion“ (Umstieg von Waffen- auf zivile Produktion/Auftraggeber Van der Bellen) voranging, brachte Pilz und Van der Bellen kurzzeitig sogar in den Verdacht, eine zwielichtige Beziehung zum schwedischen Friedensforschungsinstitut SIPRI unterhalten zu haben, dem in den skandinavischen Ländern Spionagetätigkeit nachgesagt wurde.[230] Immerhin hatte der Deutsch-Balte Van der Bellen angegeben, als Student bei den Innsbrucker Gemeinderatswahlen einmal die KPÖ gewählt zu haben.[231] Ob das stimmt wissen wir nicht, es würde aber zur „Chamäleon-Existenz“ des amtierenden Bundespräsidenten gut passen.

Das Projekt „Rüstungskonversion“ wurde vom damaligen SPÖ-Wissenschaftsminister Heinz Fischer mit 450.000 Schilling an Steuergeld für seinen damaligen roten Genossen Van der Bellen gesponsert. Nachherige Anfragen

---

230 *https://orf.at/v2/stories/2369317*

231 *https://www.faktistfakt.com/faktencheck/ist-van-der-bellen-ein-kommunist/*

der Opposition an die Bundesregierung[232] brachten keine tiefergehenden Erkenntnisse, da nach dem Fall des Eisernen Vorhangs vor allem die sozialdemokratische Reichshälfte in Politik, Verwaltung und Wirtschaft ihre vormals ausgezeichneten Beziehungen nach Ostberlin und Moskau vergessen machen wollte. Van der Bellens Ex-Student und Mitarbeiter Peter Pilz machte als Mitglied einer K-Gruppe (GRM) Karriere bei den sich etablierenden Grünen. Er wurde dort Gründungsmitglied und zog 1986 im Rahmen der Parlamentsfraktion der Grünen Alternative in den Nationalrat ein.[233] Ab 1991 im Wiener Landtag Klubobmann der grünen Fraktion, war Pilz auch Bundesparteiobmann der Grünen von 1992 bis 1994. In dieser Funktion holte Pilz seinen Doktorvater Van der Bellen zu den Grünen und half dabei tatkräftig mit, dass dieser Nationalrat und ab 1997 auch Bundesparteiobmann in Nachfolge von Christoph Chorherr wurde. Auch die Kandidatur Van der Bellens für das Amt des Bundespräsidenten 2016 wurde von seinem Ex-Studenten und Förderer Peter Pilz noch massiv unterstützt.

Erst nach dem Bruch zwischen den Grünen und Pilz im Vorfeld der Nationalratswahl 2017 erkaltete das Verhältnis der beiden rot-grünen Genossen Pilz und Van der Bellen zunehmend. Nach der Gründung und dem Einzug der linken Liste Pilz bzw. Liste Jetzt in den Nationalrat 2017 nahm die intensive Kooperation weiter ab. Als aktueller Herausgeber des politischen Online-Mediums „zackzack.at“ unterstützt

---

232 *https://www.parlament.gv.at/PAKT/VHG/XXI/J/J_02075/fname_603885.pdf*

233 *https://www.parlament.gv.at/WWER/PAD_01210/index.shtml*

Pilz die zunehmende Kritik an der grünen Ex-Partei als Regierungsfraktion, aber vor allem auch an der Untätigkeit Van der Bellens als Staatsoberhaupt gegenüber Missständen in der schwarz-grünen Regierungsmannschaft seit 2020.

Christoph Chorherr

Christoph Chorherr folgte 1996 bis 1997 Madeleine Petrovic als Bundesparteiobmann der Grünen nach und war der unmittelbare Vorgänger Alexander Van der Bellens als Parteichef.[234] Ab 1997 bis 2019 saß er 22 Jahre lang im Wiener Landtag und schuf sich vor allem seit 2001 mit Unterstützung und Wohlwollen der Rathaussozialisten unter Bürgermeister Michael Häupl ein dichtes Netzwerk aus rot-grünen Projekten, persönlichen Vereinskonstruktionen und ökonomischen Wirtschaftspartnerschaften. In den Jahren 1997 bis 2008 wurden diese Ambitionen wohlwollend von Bundesparteiobmann Van der Bellen toleriert.

Mit der Gemeinderatswahl 2010, nach der die Wiener SPÖ gemeinsam mit den Grünen die erste rot-grüne Stadtregierung bildete, war Van der Bellen-Nachfolger Chorherr stellvertretender Vorsitzender des Gemeinderatsausschusses für Wohnen, Wohnbau und Stadterneuerung sowie Mitglied im Gemeinderatsausschuss für Stadtentwicklung, Verkehr, Klimaschutz, Energieplanung und Bürgerbeteiligung. Außerdem war Chorherr einflussreicher grüner Sprecher für Stadtplanung in der Bundeshauptstadt bis 2019.

---

234 *https://de.wikipedia.org/wiki/Christoph_Chorherr*

Im Jahr 2010 begann Van der Bellens „kommunalpolitische Karriere“ in der Bundeshauptstadt. Zwei Jahre nach seinem Ausscheiden als Bundessprecher der Grünen wechselte Van der Bellen nach den Gemeinderatswahlen 2012 in den Wiener Landtag. Neben Maria Vassilakou als Wiener Vizebürgermeisterin und Verkehrsstadträtin wurden die grüne Gemeinderätin Sigrid Pilz (nicht verwandt mit Peter Pilz) Wiener Patientenanwältin und Alexander van der Bellen zum rot-grünen „Universitätsbeauftragten“ bestellt. Während Van der Bellen sich um die Wiener Universitäten kümmern musste und weiter den wissenschaftlichen Ökonomen gab, war Parteifreund Christoph Chorherr ein Mann der Praxis. Langjährige rot-grüne Projekte in der Stadt Wien, persönliche Vereinskonstruktionen und ökonomische Wirtschaftspartnerschaften entfalteten ihre Wirkung. Ab Oktober 2017 füllten sich Medienberichte mit Hinweisen auf Spendenzuwendungen von Immobilieninvestoren an Chorherr als grünen Stadtplanungssprecher. Die Tageszeitung „Kurier“ und andere Medien berichteten unter anderem von Zahlungen aus dem Managementumfeld eines Londoner Hedgefonds (300.000 Euro), der „Signa Holding“ von Rene Benko (100.000 Euro) oder einer Firma aus dem Umfeld des Immobilieninvestors Michael Tojner[235] (100.000 Euro) an einen Chorherr-Verein. Es folgten Anzeigen und Ermittlungen durch die Wirtschafts- und Korruptionsstaatsanwaltschaft (WKStA) und Prüfungen des Wiener Stadtrechnungshofs, die Ungereimtheiten ergaben. Aktuell laufen Ermittlungs- und Verfahrenshandlungen der WKStA bezüglich

---

235 https://de.wikipedia.org/wiki/Michael_Tojner

Chorherr und einiger Spender. Fortgang des Verfahrens und Ausgang einer entsprechenden Strafanklage gegen die Beteiligten sind noch offen. Chorherr legte im Februar 2019 sein Landtags- und Gemeinderatsmandat zurück.

Michael Tojner und seine Frau Renate scheinen laut einem Bericht des Nachrichtenmagazins „profil" 2017 auch als Spender für die Präsidentschaftskandidatur Van der Bellens 2016 mit insgesamt 13.000 Euro auf.[236] Auch Monika Langthaler soll laut „profil" im Umfeld von Tojner, Chorherr und Co. bei der damaligen Wiener Vizebürgermeisterin und Verkehrsstadträtin Maria Vassilakou interventionspolitisch aktiv gewesen sein. Während Michael Tojner, der im Zusammenhang mit der Causa Chorherr ebenfalls im WKStA-Fokus steht, sich bisher als Spender für die VdB-Kampagne 2022 noch zurückhält, wurde seine Frau Renate zur Wiederholungstäterin. Mit 10.000 Euro ist sie eine Großspenderin für „VdB 2022". Neben Renate Tojner scheinen aktuell Ex-ORF- und RTL-Chef Gerhard Zeiler (SPÖ) mit 50.000 Euro und der steirische Industriellenvereinigungspräsident Stefan Stolitzka mit seiner Grazer „SLE Schuh" als größte Privatspender für den Kandidaten Van der Bellen auf.

236 *https://www.profil.at/wirtschaft/causa-chorherr-tojner-koppelte-laut-mail-spende-an-widmung/401477971*

Wolfgang Mückstein ist ein „jüngerer Zugang“ im Netzwerk von Alexander Van der Bellen. Der Kettenraucher in der Präsidentschaftskanzlei in der Wiener Hofburg gelobte den Allgemeinmediziner mit Ausbildung in Traditioneller Chinesischer Medizin (TCM)[237] im April 2021 nach dem prominenten Scheitern von Rudolf Anschober in Sachen Corona-Politik zum Gesundheitsminister in der schwarz-grünen Regierungsmannschaft an.[238] Mückstein war seit vielen Jahren Leibarzt Van der Bellens. Bei den Grünen betätigte sich Mückstein als Funktionär und Mandatar in der Wiener Ärztekammer. Er gründete 2015 gemeinsam mit seinem Arztkollegen und grünen Parteigenossen Franz Mayrhofer unter der wohlwollenden Schirmherrschaft der rot-grünen Wiener Stadtregierung im Bezirk Mariahilf das erste österreichische Primärversorgungszentrum.[239] Auch von Bundesseite gab es reichlich Förderungen für dieses Projekt. Kein Fehler war wohl auch, dass Mücksteins Stiefmutter die ehemalige grüne Gesundheitssprecherin (2013-2017) im österreichischen Nationalrat, Eva Mückstein, ist. Sie unterstützte als grüne Gesundheitspolitikerin massiv das Projekt der Primärversorgungszentren. [240]

---

237 *https://www.parlament.gv.at/WWER/PAD_19043/index.shtml*

238 *https://de.wikipedia.org/wiki/Wolfgang_M%C3%BCckstein*

239 *https://www.sv-primaerversorgung.at/cdscontent/?contentid=10007.796751*

240 *https://www.parlament.gv.at/PAKT/VHG/XXV/UEA/UEA_00900/index.shtml*

Nach der erfolgten Angelobung Wolfgang Mücksteins als Minister hofften viele Zeitgenossen, dass der Mediziner vernunftbegabter und vor allem faktenorientiert in der Corona-Frage vorgehen würde. Das Gegenteil war der Fall. Auch Mücksteins ehemaliges Primärversorgungszentrum war ein Profiteur der Corona Maßnahmen.[241]

Unter Wolfgang Mückstein wurden das COVID-19-Maßnahmengesetz und das COVID-19-Impfpflichtgesetz gegen den erklärten Willen der österreichischen Bevölkerung durchgesetzt. Grundsätzlich war das Mückstein'sche Corona-Impfpflichtgesetz mit Jänner 2024 befristet. Auch diese Befristung hätte aber mit einfacher Mehrheit jederzeit verlängert werden können. Eine noch nie da gewesene Bürgerbewegung und der nachhaltige Widerstand der FPÖ führten dazu, dass dieses Zwangsgesetz nicht nur ausgesetzt, sondern nach rund fünf Monaten sogar wieder abgeschafft wurde. 108.325 Stellungnahmen gegen das Impfpflichtgesetz im Parlament wurden durch engagierte Bürger noch vor der Beschlussfassung eingebracht. Ein FPÖ-Antrag zur Abschaffung der Impfpflicht wurde in weiterer Folge von weiteren 30.000 Bürgern unterstützt. Bisher gab es bereits fünf Volksbegehren gegen die Impfpflicht[242]: Volksbegehren „FÜR IMPF-FREIHEIT“: 259.149 Unterschriften; Volksbegehren „Impfpflicht: Striktes NEIN“: 269.391 Unterschriften; Volksbegehren „Impfpflichtabstimmung: NEIN respektieren!“: 246.476 Unterschriften; Volksbegehren: „NEIN zur

241 *https://www.parlament.gv.at/PAKT/VHG/XXVII/J/J_06821/index.shtml*

242 *https://www.bmi.gv.at/411/*

Impfpflicht: 246.878 Unterschriften; Volksbegehren: „KEINE IMPFPFLICHT“: 242.169 Unterschriften.

Van der Bellen als Staatsoberhaupt stand aber bis zuletzt nicht an der Seite der Bürger, sondern des Corona-Regimes, und machte für Mücksteins Zwangsimpfungen sogar noch Werbung, indem er etwa im Oktober 2021 die Hofburg zur „Impfburg“[243] erklärte. Auch das COVID-19-Maßnahmengesetz und das COVID-19-Impfpflichtgesetz wurden nach ihrer Beschlussfassung bzw. Novellierungen immer wieder ohne Wenn und Aber durch Van der Bellen als Bundespräsident unterzeichnet. Trotzdem konnte er seinen Leibarzt Mückstein politisch letztendlich nicht halten. Von Misserfolgen und dem politischen Widerstand der Österreicher am laufenden Band entnervt, schmiss Mückstein schon zwei Monate nach der Beschlussfassung des Impfpflichtgesetzes das politische Handtuch. Das konnte auch sein Mentor und Patient Van der Bellen nicht verhindern.

Hinterlassen hat der gescheiterte grüne Ex-Minister den Österreichern nicht nur einen Scherbenhaufen in der österreichischen Corona-Politik und eine nachhaltige Schädigung des österreichischen Gesundheitswesens, sondern auch Geldverschwendung in Milliardenhöhe, wenn man eine Vollkostenrechnung mit allen Folgeschäden ansetzt. Bisher wurden 28,6 Millionen Impfstoffdosen nach Österreich geliefert. In den Jahren 2022 und 2023 sollen weitere

243 *https://www.vienna.at/van-der-bellen-laedt-zu-piks-gegen-corona-in-die-impfburg/7159655*

Lieferungen von insgesamt 39,8 Millionen Dosen im Jahr 2022 und 9 Millionen Impfstoffdosen im Jahr 2023 folgen.[244] Knapp 8 Millionen Impfstoffdosen wurden bisher auf Kosten Österreichs und unter den wohlwollenden Augen Van der Bellens an Drittstaaten weiterverschenkt. Das entspricht einem Anteil von nicht weniger als 28 Prozent der Gesamtliefermenge. Durch die Republik Österreich angekaufte Impfstoffe gingen unter anderem an den Iran (1,630.000 Dosen), Bangladesch (1,251.000 Dosen), Bosnien und Herzegowina (500.000 Dosen), Burkina Faso (396.000 Dosen), Ghana (345.000 Dosen), Afghanistan (331.200 Dosen), an die Philippinen (266.400 Dosen) und die Ukraine (250.000 Dosen).

Damit nicht genug, wurde aus der Ära Mückstein nun auch noch bekannt, dass nicht weniger als 2,616.000 Dosen des Corona-Impfstoffs „Novovax" auf Bestellung des Gesundheitsministeriums geliefert, davon aber bisher weniger als 10.000 Dosen auch tatsächlich verimpft wurden.[245] Für den Rest dieser 2,6 Millionen Dosen ist das Haltbarkeitsdatum mit dem 31. August 2022 abgelaufen. So sind 99,6 Prozent der angekauften Novavax-Impfstoffe dem Verfall preisgegeben. Aber es kommt noch schlimmer: Insgesamt wurden durch das österreichische Gesundheitsministerium unter grüner Ressortführung nicht weniger als 4,154.000 Nova-

---

244 *Bericht nach § 3 Abs. 5 des Bundesgesetzes über die Errichtung des COVID-19-Krisenbewältigungsfonds für das Kalenderjahr 2022 (Jänner bis Mai 2022), https://www.parlament.gv.at/PAKT/VHG/XXVII/III/III_00680/index.shtml*

245 *https://www.parlament.gv.at/PAKT/VHG/XXVII/J/J_11097/index.shtml*

vax-Dosen bestellt. Damit steht eine weitere Lieferung von 1,538.000 Dosen dieses offensichtlichen „Ladenhüter-Impfstoffs“ noch ins Haus.

Ruperta Lichtenecker

Ruperta Lichtenecker ist in mehrfacher Hinsicht eine Weggefährtin von Alexander Van der Bellen. Wie auch der amtierende Bundespräsident studierte Lichtenecker Volkswirtschaft – allerdings nicht im Schoße des konservativen Universitätsmilieus der Leopold-Franzens-Universität in Innsbruck, sondern in der dunkelroten oberösterreichischen Landeshauptstadt Linz. Bereits im Jahr 1991, also Jahre vor Van der Bellens aktiver Rolle bei den Grünen,[246] betätigte sich die Volkswirtin und Sozialpädagogin in der grünen Gesinnungsgemeinschaft. 2002 wurde Lichtenecker dann in der Abteilung für Wirtschaftspolitik am Institut für Volkswirtschaftslehre an der Uni Linz sogar Universitätsassistentin. Schon zuvor war die grüne Oberösterreicherin Mitglied des Grünen Bundesvorstands ab 2000 unter Bundesprecher Alexander Van der Bellen. Zwischen 2003 und 2006 war Lichtenecker Bundesrätin und ab 2006 – unter Spitzenkandidat Van der Bellen – Nationalratsabgeordnete[247] und Fraktionskollegin des aktuellen Bundespräsidenten. 2017 wurde Lichtenecker Spitzenkandidatin der oberösterreichischen Grünen, scheiterte aber gemeinsam mit ihrer Partei am Wiedereinzug in den Nationalrat.

---

246 *https://de.wikipedia.org/wiki/Ruperta_Lichtenecker*

247 *https://www.parlament.gv.at/WWER/PAD_18447/index.shtml*

Ab November 2018 leitete Lichtenecker das Landesratsbüro des nachmaligen grünen Sozial- und Gesundheitsministers Rudolf Anschober in Oberösterreich, um diesem Anfang 2020 in die Bundespolitik zu folgen. Lichteneckers Ex-Parteiobmann und nunmehriger Bundespräsident hatte auf Vorschlag der Grünen den bisherigen oberösterreichischen Landesrat Rudolf Anschober zum Minister bestellt. Als Kabinettschefin Anschobers im BMSGPK war Lichtenecker maßgeblich an der Organisation des Corona-Regimes in Österreich beteiligt.

Nach dem Aus für Rudolf Anschober als Bundesminister im April 2021 trennten sich die Karrierewege der beiden Oberösterreicher. Ex-Kabinettschefin Lichtenecker wurde einen Tag nach Anschobers Rücktritt Mitarbeiterin der Österreichischen Agentur für Gesundheit und Ernährungssicherheit GmbH (AGES) und blieb dies bis zum 30. September 2021. Gleichzeitig wurde die grüne Ex-Nationalratsabgeordnete ans Ministerbüro bzw. BMSGPK „zurückverliehen". Neues Aufgabengebiet der bisherigen Kabinettschefin: „Wissenstransfer".[248] In diesen eineinhalb Jahren bis September 2021 „transferierte" die Ex-Kabinettschefin an das neue Ministerbüro Mückstein ihr laut Anschobers Nachnachfolger Johannes Rauch gar nicht so großes „Expertenwissen". Wie Lichtenecker binnen eines Tages aus ihrer ehemaligen Funktion in die AGES personell verschoben wurde, um gleich wieder in einem Arbeitsüberlassungsvertrag ins BMSGPK zurückbeordert

248 https://www.parlament.gv.at/PAKT/VHG/XXVII/J/J_11050/index.shtml

zu werden, liegt bisher noch im Dunkeln, wird aber wohl auch Gegenstand einer Rechnungshofüberprüfung oder sogar eines parlamentarischen Untersuchungsausschusses zur Causa „Corona-Politik" sein.

Postenschacher haben die Grünen offensichtlich im Handumdrehen gelernt. Die personalpolitische „Versorgung" der grünen Ex-Nationalrätin und Ex-Kabinettschefin Lichtenecker endete nämlich keineswegs in der AGES. Sie setzte sich vielmehr im Herbst 2021 in der Gesundheit Österreich GmbH (GÖG) als „Expertin" fort.[249] Praktisch für Lichteneckers weitere Karriere: Sowohl AGES als auch GÖG stehen als nachgeordnete Einrichtungen und Dienststellen im budgetären, organisatorischen und auch personellen Einflussbereich des Sozial- und Gesundheitsministeriums, wo Lichtenecker ja lange Zeit Kabinettschefin und „Wissensmanagerin" gewesen war.

GÖG-Chef Herwig Ostermann und ein GÖG-Prokurist führten dann auch die Bewerbungs- und Auswahlgespräche und diese führten zum Ergebnis, dass Lichtenecker aus einem Pool von 42 Bewerbern am 1. Dezember 2021 als „Expertin" im „Kompetenzzentrum Klima und Gesundheit" angestellt wurde. Weitere Mitarbeiter wurden erst im Februar 2022 beschäftigt.

Und jetzt wird es in den Zeitleisten besonders interessant: Bereits am 5. Jänner 2022 erfolgte in der „Wiener Zeitung"

---

249 *https://www.parlament.gv.at/PAKT/VHG/XXVII/J/J_11049/index.shtml*

die Ausschreibung der Stelle der Leitung des „Kompetenzzentrum Klima und Gesundheit“. Insgesamt 14 Bewerber sollen sich für diese Position beworben haben. Am 27. Jänner 2022 erfolgte dann laut BMSGPK das Hearing, für das lediglich vier Bewerber eingeladen wurden. Nachdem erst im Februar 2022 weitere Mitarbeiter im Kompetenzzentrum Klima und Gesundheit eingestellt wurden, war Lichtenecker damals mutmaßlich die einzige Mitarbeiterin. Eine Situation, die ihr jedenfalls nicht zum Nachteil gereichte. Denn die Leitungsposition des Kompetenzzentrums ging an sie.

„Flüchtlingskind“. Van der Bellens merkwürdige Migrationsgeschichte

Wann immer sich der amtierende Bundespräsident Alexander Van der Bellen zur Frage nach der Aufnahme von Flüchtlingen äußert, nimmt er diesbezüglich unter Hinweis auf eine moralische Verpflichtung der Europäer[250] und seine eigene Menschlichkeit[251] prinzipiell eine großzügige Haltung ein, die man überspitzt mit „jeder darf kommen und es gibt genug Platz und Geld für alle“ ausdrücken kann.[252] Diese Haltung entspricht derjenigen von Grünen und anderen Linken, wobei (was man Van der Bellen nicht unterstellen kann) oft überhaupt nicht mehr zwischen den Begriffen „Asyl“, „Flüchtling“, „Migrant“ oder „Schutzsuchender“ differenziert wird: Alle seien arm und hätten das Recht, sich in ein angenehmeres Land zu begeben. Auch historisch werden keine Unterschiede mehr etwa zwischen Ukraine 2022, Afghanistan 2021, Syrien 2015, Jugoslawien 1991 und Ungarn 1956 gemacht.

---

250 *2021: „Ich denke, die Europäische Union und die Mitgliedsstaaten haben eine legale, moralische und politische Pflicht, der gemeinsamen Verantwortung nachzukommen. Dazu gehört auch Asyl zu gewähren“ (Alpbach 2021).*

251 *„Es bricht mir das Herz, wenn ich die Geschichten der Menschen höre, die aus der Ukraine geflüchtet sind und einfach nur in Frieden leben wollen“ (2022).*

252 *Beispielsweise fand er 2018, jeder müsse in Österreich um Asyl ansuchen dürfen, im Jahre 2020, dass „wir“ in Österreich „Platz genug“ hätten und 2021 sprach er sich gegen die Abschiebung von Afghanen mit negativem Asylbescheid aus.*

Als ob es keinen Unterschied mache, ob man Menschen aus einem europäischen und christlichen Nachbarland oder Muslime aus einer vormodernen Gesellschaft aufnehme. Und es macht erst recht einen Unterschied, ob es sich um eine Binnenflucht von Frauen, Kindern und Alten handelt, während die Männer an der Front weiterkämpfen, innerhalb eines geschlagenen und besetzten Landes, in dem alle mehr oder weniger gleich unter dem Krieg gelitten haben, oder ob man als wehrfähiger Mann durch mehrere sichere Länder in ein besonders wohlhabendes, in dem man die meiste finanzielle Unterstützung erhält, „flüchtet".

Vor Lenin, Stalin und dem KGB geflüchtet

Um Verständnis für seine persönliche Haltung zu heischen, betonte Van der Bellen gerne, dass er selbst ein „Flüchtlingskind" gewesen sei: „Meine Eltern sind dreimal vor Lenin, Stalin und dem KGB geflüchtet. Zuerst aus Russland, dann aus Estland, zuletzt aus Wien vor der Roten Armee ins Kaunertal – mit mir als Baby im Rucksack."[253] Schließlich ruft das bei den meisten den Eindruck hervor, dass die Familie mehrmals knapp dem sicheren Tod entronnen sei, indem sie, nur mit dem Nötigsten ausgestattet, gerade noch vor den Häschern fliehen konnte. Es gibt nur ein Problem damit: Dieser gewünschte Eindruck und das, was sich tatsächlich zugetragen haben dürfte, sind nicht völlig deckungsgleich. Anders ausgedrückt: Liefert Alexander Van der Bellen hier

253 *https://www.nachrichten.at/nachrichten/fotogalerien/cme199345,1489742*

selbst ein Paradebeispiel für die unzulässige Pauschalisierung der linken Position und die daraus folgende Konsequenz, dass man sehr wohl Unterschiede machen muss? Denn wenn man seine Familiengeschichte etwas näher und vor allem unter dem Aspekt des behaupteten Flüchtlingsdaseins betrachtet, so drängt sich der Verdacht auf, dass es sich dabei eher um Edelmigranten handelte, die alle möglichen Unterstützungen seitens der Behörden genossen, als um echte Flüchtlinge, die mit Sack und Pack gerade noch einmal davongekommen sind.

Von Holland nach Russland und dort geadelt

Doch zunächst zur Vorgeschichte der Familie Van der Bellen, um verstehen zu können, wie es überhaupt zu der Flüchtlingssituation gekommen war.[254] Bei den Van der Bellens handelt es sich ursprünglich um niederländische Glaser lutherischen Bekenntnisses, die 1763 von Holland nach Russland ausgewandert sind. 1787 begann Johann Abraham Van der Bellen seine medizinische Karriere im Moskauer Generalhospital, bevor er sich um das Jahr 1793 in Pleskau (russ. Pskow) niederließ, wo er zum Stabsarzt aufstieg und 1812 während des „Vaterländischen Krieges" in den Adelsstand erhoben wurde. 1843 gelang es seinem 1802 geborenen Sohn Alexander vom Zaren die erbliche Adelswürde zu erwerben, nachdem er einen Treueid auf Russland abgelegt

---

254 https://vid1.ria.ru/ig/infografika/step/Sputnik/de/germany/index.html

hatte. Die Familie führte seither das „von“ in ihrem Namen und war eindeutig zaristisch eingestellt.

1859 wurde der Großvater des Bundespräsidenten, Alexander von der Bellen, geboren. Dieser wurde um 1900 herum in das lokale Selbstverwaltungsorgan der Großgrundbesitzer, den sogenannten Semstwo, berufen und 1913 sogar zu dessen Leiter. Nach der Februarrevolution von 1917 und der Abdankung des Zaren wurde er von der neuen Regierungskoalition aus liberalen Kadetten, linken Menschewiki und Sozialrevolutionären sowie anderen zum Leiter der provisorischen Gebietsregierung in Pleskau ernannt, eine Funktion, die er bereits am 22. Juli aus gesundheitlichen Gründen wieder zurücklegte.

Von Russland nach Estland und wieder „bürgerlich“

Mit der Machtergreifung der Bolschewiki im Oktober desselben Jahres wurde die Lage für die einst zaristisch gesinnte Familie prekär, weshalb die von der Bellens noch vor der Eroberung Pleskaus im Sommer 1919 vom revolutionären Russland in den neuen unabhängigen Staat Estland flüchteten. Vermutlich weil die estnische Verfassung keine Adelstitel erlaubte, kam es zu einer neuerlichen Änderung des Familiennamens, in der das bürgerliche niederländische „van“ wieder das adelige „von“ ersetzte. Eventuell hielt der Großvater überhaupt eine adelige Herkunft, insbesondere eine russische, für weniger opportun. Jedenfalls legte die Familie seither in allen offiziellen Dokumenten wieder Wert auf ihre niederländische Abstammung. 1924 verstarb der Großvater.

Dessen 1898 noch in Pleskau geborener Sohn Alexander, also der Vater des Bundespräsidenten, studierte in den 1920er Jahren Wirtschaft an der Universität Dorpat (finn. Tartu) und wurde anschließend Leiter einer Holzexportfirma. Anfang der 1930er Jahre übersiedelte er nach Reval (estn. Tallinn), wo er als Leiter der „British Overseas Bank" internationale Kreditgeschäfte tätigte. 1931 heiratete er die ebenfalls aus Pleskau stammende Deutschbaltin Alma Sieboldt. 1934 erwarb er die estnische Staatsbürgerschaft und gab seinen Flüchtlingspass ab. Allerdings zogen sich auch in Estland wieder drohende Gewitterwolken über den Van der Bellens zusammen. Da im geheimen Zusatzprotokoll des Ribbentrop-Molotow-Abkommens vom August 1939 Estland der sowjetischen Einflusssphäre zugeschlagen worden war, wurde das Land im Juni 1940 von der Roten Armee besetzt. Die „British Overseas Bank" stellte ihre Tätigkeiten ein und es war zu befürchten, dass es aufgrund der zarentreuen Vergangenheit der Familie zu Repressalien kommen könnte.

Von Estland als Umsiedler ins Deutsche Reich und nach Wien

Die Möglichkeit, das sowjetisch besetzte Estland zu verlassen, bot sich erst mit der Unterzeichnung eines deutsch-sowjetischen Abkommens im Jänner 1941: Die hierin vereinbarte sogenannte „Nachumsiedlung" sollte Volksdeutschen, die beim 1939 zwischen dem Deutschen Reich und Estland abgeschlossenen Umsiedlungsabkommen dazu noch nicht bereit gewesen waren, die Ausreise gestatten. In beiden Fällen sollte die freiwillige Umsiedlung nur Personen und deren Angehörigen, die über die deutsche Staatsbürgerschaft verfügten oder ihre deutsche Volkszugehörigkeit nachweisen konnten, offenstehen.

Jedenfalls befanden sich im Februar oder März 1941 Alexander Van der Bellen und seine Gattin Alma, seine Mutter Adele und Schwester Natalie sowie Tochter Vivian-Diana auf einem Bahntransport von Reval nach dem ostpreußischen Laugszargen. Alexanders jüngerer Bruder Konstantin (der älteste Bruder Georg war bereits verstorben) blieb zurück, wurde aber zeitlebens von den Sowjets nicht behelligt. Über ein Lager in Werneck bei Würzburg landete die Familie schließlich in Wien, wo der sprachversierte Diplomkaufmann Van der Bellen (er sprach Russisch, Estnisch, Englisch und Deutsch) rasch eine Anstellung bei der Außenhandelsfirma „Koch & Knüpffer“ in Wien-Favoriten fand. Bei den Familien Koch und Knüpffer handelte es sich um Baltendeutsche, die 1941 ebenfalls aus Estland umgesiedelt waren und ihr im Holzgroßhandel tätiges Handelshaus in Wien etablieren konnten – vermutlich ging die Verbindung auf Van der Bellens Vergangenheit als Holzhändler in Estland zurück.[255]

255 *https://www.zeit.de/2016/14/alexander-van-der-bellen-vater-fluechtling*

Vater bleib vom Krieg unbehelligt

Eigenartigerweise wurde er weder zur Wehrmacht oder zum „Deutschen Volkssturm“ eingezogen noch sonstwie dienstverpflichtet. Als Jahrgang 1898 war er bei Kriegsausbruch mit der Sowjetunion 43 und im Jahr 1944 46 Jahre alt. Zwischen dem 16. und dem 60. Lebensjahr unterlag man seit dem 20. Oktober 1944 der Wehrpflicht im „Volkssturm“. Davor war man zwischen dem 18. und 35. Lebensjahr wehrpflichtig und zählte zwischen dem 35. und 45. Lebensjahr zum Reservestand der Landwehr; darüber hinaus gehörten Staatsangehörige über 45 Jahre dem Landsturm an. Seit 1942 deutscher Staatsangehöriger, hätte Van der Bellen jedenfalls in ein Landesschützenbataillon, das sich primär aus Wehrpflichtigen von Landwehr und Landsturm zusammensetzte, eingezogen werden müssen. Somit bleiben Untauglichkeit oder eine kriegswichtige zivile Tätigkeit die möglichen Gründe für seine Nichtberücksichtigung. Für keine der beiden Optionen gibt es bisher Belege. Jedenfalls kam am 18. Jänner 1944 sein Sohn Alexander, der zukünftige Bundespräsident, zur Welt.

Mysteriöse Übersiedlung von Wien ins Kaunertal

Aufgrund der drastischen Verschlechterung der Kriegslage im Verlaufe des Jahres 1944 entschloss sich die Familie zum dritten Mal zur Standortverlegung. Um den Jahreswechsel hielt sie sich zunächst für einige Wochen im oberösterreichischen Laussa auf, bevor sie sich im April 1945 im Tiroler

Kaunertal niederließ, wo ihr die Behörden eine Wohnung im Zollhaus von Feichten verschafften. Von dort arbeitete Van der Bellens Vater zunächst in Innsbruck für die Baseler Firma Schubarth & Co., bevor er 1948 sein eigenes „Handelskontor A.A. Van der Bellen, Im- und Export, Transithandel und Europäische- und Überseevertretungen" mit Niederlassungen in Innsbruck und Linz, wo die Firma den Spanienexport der Linzer Stickstoffwerke abwickelte, gründete. 1950 zog die Familie ganz nach Innsbruck, wo der kleine Alexander die Volksschule besuchte.

Was sind nun die Ungereimtheiten in der Geschichte der Familie Van der Bellen im Zusammenhang mit ihrem dreimaligen Status als Flüchtlingsfamilie? Dass es bei der ethnischen Identität der Familie immer wieder zu Unschärfen und Wandlungen kam, ist angesichts der Herkunft aus einem multiethnischen Gebiet wie dem estnisch-russischen Grenzgebiet sowie dem Hintergrund dramatischer historischer Umwälzungen und Ereignisse grundsätzlich verständlich. Doch vor allem die beiden letzten Umzüge deuten eher auf ein gutes Verhältnis zu den Behörden des Dritten Reiches als auf eine echte Flüchtlingsgeschichte hin. Dies kann anhand der vier folgenden Fragen demonstriert werden.

Offene Fragen zur Familiengeschichte

(1) Warum flüchtete die Familie 1941 ausgerechnet in das nationalsozialistische Deutsche Reich, in das zu jener Zeit vermutlich eher nur Freunde des Regimes freiwillig einwan-

derten? Gewiss, die Familie war antikommunistisch eingestellt, aber deswegen musste man nicht nationalsozialistisch gesinnt sein. Warum also nicht – wie bei vielen Sozialdemokraten – Schweden oder – als ehemaliger Angestellter einer britischen Bank – Großbritannien als Zielländer?

(2) Noch dazu, da sich die Umsiedlungsabkommen nur auf deutsche Staatsbürger und Volksdeutsche bezogen, die Van der Bellens jedoch estnische Staatsbürger niederländischer Herkunft waren und sich Alexander Van der Bellen Senior laut seinem Sohn ohnehin zeitlebens primär als Russe gefühlt hatte. Wurde da vielleicht aus gegebenem Anlass das holländische Erbe als im weitesten Sinne „großdeutsche" Identität verkauft? Oder die deutsche Abstammung der Mutter trotz deren mangelhafter Deutschkenntnisse betont? Anders ist es kaum erklärbar, es sei denn, es lagen gewisse politische Gründe vor. Jedenfalls kann die Betonung von Van der Bellens Multikulturalität unter Berufung auf seinen „russischen Vater" und seine „estnische Mutter" mit der tatsächlichen historischen Situation nur schwerlich in Einklang gebracht werden.

(3) Dieses Rätsel spiegelt sich auch in der Frage nach der Staatsbürgerschaft von Van der Bellens Vater wider. 1942 hatte dieser erfolgreich die deutsche Staatsangehörigkeit beantragt, da diese im Rahmen des zweiten Umsiedlungsabkommens nicht automatisch verliehen wurde (das erste enthielt nur eine Absichtserklärung). Doch obwohl er sich zeitlebens als Russe gefühlt haben will, war in dem Antrag von russischer oder sowjetischer Volks- bzw. Staatsangehö-

rigkeit wenig überraschend keine Rede. Hingegen bezeichnete er sich darin zunächst als Niederländer, bevor er, weil die Chancen vermutlich doch erheblich besser waren, deutsche Volkszugehörigkeit reklamierte. Das gleiche könnte bereits bei der Inanspruchnahme des Umsiedlungsprogrammes geschehen sein.

Nun behauptete der Bundespräsident, dass seine Familie bei ihrer Übersiedlung 1941 die estnische Staatsangehörigkeit beibehalten habe, weshalb sie 1945 nach der Nichtigkeitserklärung der deutschen Staatsbürgerschaft eigentlich wieder estnische Staatsbürger gewesen sein müssten. Doch weder entspricht diese Behauptung den Angaben in dem Antrag auf deutsche Staatsbürgerschaft, noch wäre eine Beibehaltung nach der Eingliederung Estlands am 21. Juli 1940 in die Sowjetunion möglich gewesen. Die Van der Bellens hätten daher 1945 sowjetische Staatsbürger sein müssen. Oder staatenlos, falls sie doch irgendwie eine estnische Staatsbürgerschaft behalten hätten, denn die Republik Österreich wird während sowjetischer Besatzung kaum die estnische Exilregierung anerkannt haben. Allerdings könnte dies die französische Besatzungsmacht in Tirol getan haben.

Wie dem auch sei, am 9. Dezember 1958 erlangte die Familie schließlich die österreichische Staatsbürgerschaft.

(4) Vollends mysteriös ist die Flucht von Wien ins Tiroler Kaunertal. Grundsätzlich gab es keine große Fluchtbewegung innerhalb Österreichs als Teil des Großdeutschen Reiches analog zur Binnenflucht der Bevölkerung aus den

Ostprovinzen in den Westen des Reiches, wovon die wehrfähigen Männer selbstverständlich ausgenommen waren. Schließlich kam die Rote Armee offiziell als Befreier nach Österreich, auch wenn die Österreicher trotz der Aufforderung in der Moskauer Deklaration von 1943 wenig bis nichts zu ihrer Befreiung beigetragen hatten – und nicht, wie in Ostdeutschland, als Rächer. Das bezog sich natürlich nicht auf Österreicher, die sich etwas zu Schulden kommen hatten lassen. Somit waren die Van den Bellens entweder aus einem bestimmten Grund privilegiert oder mussten in der Tat aufgrund gewisser Vorkommnisse in der Vergangenheit mit Repressalien rechnen. Eventuell sind beide Umstände sogar direkt miteinander verknüpft. Zu der vermuteten Privilegierung passt, wie bereits dargelegt, dass Van der Bellens Vater weder eingezogen noch dienstverpflichtet wurde, ohne dass es eine offizielle Begründung dafür gibt.

Wohnortwechsel gegen Kriegsende kaum noch möglich

Leider sind die Angaben in den vorhandenen Quellen über die Ereignisse gegen Kriegsende zu unvollständig oder widersprüchlich, um das Ausmaß der Privilegierung richtig einschätzen zu können. Gemäß der deutschen Wochenzeitung „Die Zeit“ soll sich die Familie „zum Jahreswechsel 1944/45 … einige Wochen in Laussa in Oberösterreich“ aufgehalten haben.[256] Aber wann genau, warum und in welcher Unterkunft? „Laut Aktenlage“, so das „profil“, soll

256 https://www.zeit.de/2016/14/alexander-van-der-bellen-vater-fluechtling

die Familie im April 1945, nach Ansicht von Van der Bellen aber schon 1944 nach Tirol, übersiedelt sein.[257] Falls van der Bellen recht haben sollte, lässt sich das schwerlich mit der Oberösterreich-Episode vereinbaren. Wenn allerdings die von „profil" zitierte Aktenlage korrekt ist, wieso zog die Familie dann von Laussa erst einmal wieder zurück nach Wien? Noch wichtiger aber ist die Frage, warum es hinsichtlich des Zeitpunktes für den Umzug nach Tirol überhaupt zwei verschiedene Angaben gibt. Es drängt sich der Verdacht auf, dass Van der Bellen mit der Behauptung, bereits 1944 übersiedelt zu sein, die Auffälligkeiten bei dieser „Flucht" zudecken wollte.

Denn im April 1945 war die Möglichkeit, sich ungehindert aus Wien (oder auch Oberösterreich) absetzen zu können, weitaus schwieriger als 1944, was die naheliegende Privilegierung unterstreicht. Am 30. März 1945 wurde nämlich die Standgerichtsbarkeit für die Reichsverteidigungsbezirke Wien und Oberdonau erlassen: Die Standgerichte waren für alle Straftaten zuständig, durch die „die deutsche Kampfkraft oder Kampfentschlossenheit gefährdet" wurden. Wer versuchte, „sich seinen Pflichten gegenüber der Allgemeinheit zu entziehen, insbesondere, wer dies aus Feigheit oder Eigennutz" tat, müsse „sofort mit der notwendigen Härte zur Rechenschaft gezogen werden, damit nicht aus dem Versagen eines einzelnen dem Reich Schaden" erwachse, hieß

257 *Lackner, Herbert: „Nichts Nchteiliges bekannt", in: profil 13/2007.*

es unter anderem darin.[258] Das bedeutete, dass nur mehr Kriegsrecht galt. Alle Personen, Fahrzeuge, Einrichtungen usw. konnten uneingeschränkt für Kriegszwecke herangezogen werden. Ein eigenmächtiges Absetzen Van der Bellens ab diesem Zeitpunkt wäre somit als Fahnenflucht betrachtet worden.

Zwar wurde Frauen und Kindern ab dem 2. April 1945 empfohlen, Wien zu verlassen, aber die wehrfähigen Männer fielen freilich nicht unter diesen Aufruf. Wenn eine eigenmächtige Übersiedlung aus irgendeinem Grund doch erlaubt gewesen sein sollte, so wäre sie in jedem Fall meldepflichtig gewesen, denn Lebensmittel und Bekleidung wurden nur über entsprechende Bezugsmarken zugeteilt. Außerdem wurde jeder nichteingezogene Mann der Jahrgänge 1884 bis 1929, der seit dem 1. Jänner 1945 seinen Wohnsitz verlassen hatte und seiner Meldepflicht nicht nachgekommen war, als Deserteur betrachtet, da dies als Versuch gewertet wurde, sich seiner Wehr- oder Arbeitspflicht zu entziehen.

War Übersiedlung nach Tirol „kriegswichtige Notwendigkeit"?

Es muss also entweder eine triftige kriegswichtige Notwendigkeit hinsichtlich der beruflichen Tätigkeit Van der Bellens oder ein einvernehmliches Verhältnis mit den damaligen NS-Behörden (Gauleitung/Reichsstatthalterei) bestanden

---

258 *https://de.wikisource.org/wiki/Verordnung_%C3%BCber_die_Errichtung_von_Standgerichten*

haben, damit diese ihm einwandfreie Papiere ausgestellt hatten, mit denen er ohne irgendeiner Dienstverpflichtung nachkommen zu müssen und ohne jede Behelligung durch die Feldgendarmerie quasi durch Österreich reisen konnte, um seinen Wohnsitz zu verlegen. Zu guter Letzt wurde der Familie im Kaunertal von den Behörden sogar eine Wohnung im Zollhaus von Feichten, also einer staatlichen Einrichtung, zur Verfügung gestellt. Ein größerer Beweis für die Gunst jenes Staats und seines Regimes ist eigentlich kaum denkbar. Über die Gründe des guten Verhältnisses zu den NS-Behörden ist in der Vergangenheit bereits bis hin zum Vorwurf der NSDAP-Mitgliedschaft spekuliert worden. Ohne handfeste Beweise sind derartige Unterstellungen jedoch unseriös.

Mediales Desinteresse trotz erheblicher Widersprüche

Zudem ist jede Form der Sippenhaftung abzulehnen, geht es hier schließlich um den zur Wiederwahl stehenden Präsidenten Van der Bellen und nicht um seinen Vater. Der Opportunismus des Vaters, der sich auch teilweise in der Karriere des Sohnes oder in der Art, wie der Sohn seine Familiengeschichte erzählt, widerspiegelt, ist ohnehin kein einnehmender Charakterzug, auch wenn dieses Verhalten in Anbetracht der damaligen Umstände zu einem gewissen Grad verständlich erscheinen mag. Ob die Medien im Falle einer ähnlich gelagerten Familiengeschichte eines freiheitlichen Kandidaten ähnlich desinteressiert wären, Antworten auf offensichtliche Fragen zu erhalten, bleibt dahingestellt.

Was immer die wahren Hintergründe gewesen sein mögen, ist das von Van der Bellen kolportierte Geschehene nicht das, was man sich gemeinhin als „Flucht" vorstellt. Vielmehr will der Erzähler in bewusster Verdrehung oder Verschweigung von Tatsachen eine Lebensgeschichte auftischen, die sein wohlwollendes Eintreten für Flüchtlinge authentisch und nachvollziehbar erscheinen lassen soll. In Wahrheit bestätigt es jedoch, dass die unangebrachte Generosität gegenüber allen Formen der Migration nur den Widersprüchen der eigenen Lebensgeschichte entspricht, in der „Flucht" weitestgehend die Verlegung an einen angenehmeren Ort bedeutete. Doch möge sich der mündige und informierte Leser anhand der Fakten selbst Antworten auf die aufgeworfenen Fragen geben.

Literaturverzeichnis

Hafenecker, Christian: So sind wir, Wien 2021

Hilpold, P./Matzka, M./Hämmerle, W. (Hg): 100 Jahre Verfassung. Wien, 2020

Hüffel, Clemens; Rohrer, Anneliese: Selbstbestimmt oder fremdbestimmt?: Über die Entstehung der Inhalte in Massenmedien, Wien 2013

Lang, Joachim/Rainer Anton/Van der Bellen Alexander: Ökosteuern, Wien 1995

Neuwirth, Christian: Alexander Van der Bellen –Ansichten und Absichten, Wien 2001

Sika, Michael: Mein Protokoll, St. Pölten 2000

Reichel, Werner: Kickl muss weg – Der schmutzige Kampf um die Macht, Wien 2019

Van der Bellen, Alexander: Ökosteuern: Umweltprobleme und ökonomische Instrumente. In: Lang, Joachim/Rainer Anton/Van der Bellen Alexander: Ökosteuern, Wien 1995

Van der Bellen, Alexander: „Ich tue dir einen Gefallen, du tust mir einen Gefallen – das ist nicht nur bei der Mafia so“ in: Hüffel C./Rohrer A. Selbstbestimmt oder fremdbestimmt?: Über die Entstehung der Inhalte in Massenmedien, Wien 2013

Van der Bellen, Alexander: Die Kunst der Freiheit - In Zeiten zunehmender Unfreiheit, Wien 2015

Van der Bellen, Alexander: „Über die Schönheit der Bundesverfassung“. In: Hilpold, P./Matzka, M./Hämmerle, W. (Hg): 100 Jahre Verfassung. Wien, 2020

Autoren

Dr. Eike Dohr: Studium der Rechtswissenschaft; derzeit Fachreferent für Verfassung und Menschenrechte im Freiheitlichen Parlamentsklub; geboren 1992 in Klagenfurt.

Mag. Alexander Höferl: Studium der Betriebswirtschaftslehre, langjährige Tätigkeit als Journalist; derzeit Leiter Politische Kommunikation im Freiheitlichen Parlamentsklub; geboren 1972 in Krems/Donau.

Mag. Michaela Kolade-Imrich: Studium der Publizistik; publizistische Auslandstätigkeiten im Subsahara-Raum und langjährige Tätigkeit als Asset- und Fleet-Managerin; derzeit selbständige Asset- und Fleet-Beraterin sowie Publizistin; geboren 1965 in Wien.

Mag. Werner Reichel: Studium der Ethnologie, Publizistik und Kommunikationswissenschaften; Autor und Verleger; geboren 1966 in Mistelbach (NÖ).

Dr. Fritz Simhandl: Studium der Rechtswissenschaft; derzeit Fachreferent für Soziales, Gesundheit und Konsumentenschutz im Freiheitlichen Parlamentsklub; geboren 1965 in Hall in Tirol.

Impressum

Werner Reichel (Hg.)
VAN DER BELLEN – Der parteiische Präsident

Verlag Frank&Frei
Wien 2022
www.frankundfrei.online

ISBN: 978-3-903236-62-2
eISBN: 978-3-903236-63-9